교육,
거기서 멈추면
안 되니까

교육,
거기서 멈추면
안 되니까

학교가 이래도 되나, 삼영 샘의 엉뚱한 생각

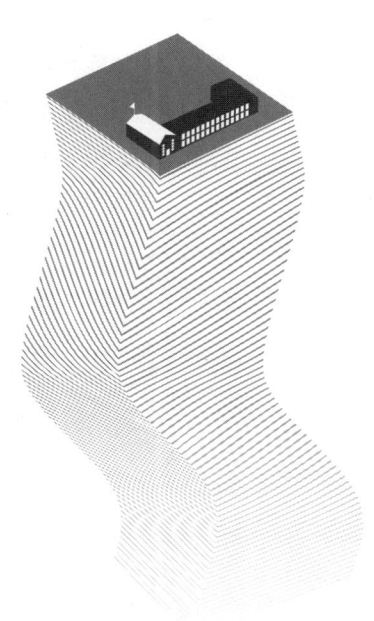

양철북

책을 펴내며

2010년 7월 1일, 교실을 떠나 도교육청에서 근무를 시작했다. 지금 내 책상 위에는 많은 정책이 온갖 명분을 내세우며 목소리를 높이고 있다. 유아교육 공공성, 자유학기제, 고교학점제, 특수교육, 수시와 정시, 기초학력, 무상교육, 선행학습, 청소년 인생학교, 남북교육교류, 환경교육, 학교밖 청소년, 교사 정원, 학교폭력 예방, 원격수업, 학습 격차….

수많은 업무를 하다 보면 이게 정말 아이들을 위한 일인가 싶을 때가 있다. 하지만 그 순간, 교사의 따스한 눈길이 있어야 비로소 빛나는 아이들이 있다는 것을 잊지 않으려 한다. 그리고 내 곁에 있었던 아이들을 생각한다.

"선생님, 선생님 집에 놀러 가도 돼요?"

1992년 처음 교사가 되어 양구에 있는 6학급짜리 작은학교에서 3학년 담임을 했다. 가정방문을 다니던 시절이었는데, 허물어져 가는 담벼락 앞에 쪼그리고 앉아 나를 기다리던 아이가 있었다. 늘 코를 훌쩍이며 조용히 자기 자리를 지키던 아이였다. 1년이 지나고 다른 학년 담임을 하는데, 교실에 찾아와 불쑥 나한테 말을 건넸다.

"선생님 안녕하세요. 저 기억하시죠? 지애입니다. 새해 복 많이 받으세요."

20년 전 삼척에서 1학년 담임을 할 때 만난 아이가 올해 새해 인사를 보내왔다. 한글 공부를 같이할 때 수줍게 웃던 아이. 몸이 아파 한동안 학교에 나오지 못해 공부거리를 챙겨 들고 병원까지 찾아간 적이 있었다. 환자복을 입고 아빠 뒤에 숨어 환하게 웃던 모습이 사진처럼 떠오른다.

지금은 폐교가 되어 없어져 버린 고천분교에서는 일곱 명 아이들과 식구처럼 살았다. 4학년인데도 글자를 모르는 아이가 있었는데, 1학년과 같이 1년 동안 글자 공부를 했지만 아무도 이상하게 생각하지 않았다. 2년 뒤, 그 아이가 졸업식에서 자기가 쓴 편지를 또박또박 읽었고 함께했던 모두가 아이의 입술을 쳐다보며 고개를 끄덕였다.

태백산 아래에 있는 특수학교에서는 스무 살 전공과 친구를 일주일에 두 번 교장실에 불러 공부를 했다. 장애 학생들의 노동인권을 설명해 주고, 친구들과 점심을 먹은 닭갈비집과 친구들 이름을 카드로 만들어 읽고 쓰며 정말 우리 아이들에게 필요한 교육이 무엇일까 돌아보게 되었다. 다시 교육청에서 일하면서 그 생각은 더 깊어지고 교육을 둘러싼 부정적인 인식의 뿌리가 무엇인지 스스로 되물었다. 그러다 생각이 깊어지면 동료들과 이야기를 나누고 교육은 경쟁보다 배움을 즐기고 나누는 것이라는 희망의 싹을 틔우고 싶었다.

지난해 강원도교육청은 초등교원 임용고시에서 교육학 지식을 묻는 단답식 지필고사를 면제했다. 면접과 논술, 수업 실연만으로 교사를 뽑겠다는 이야기에 많은 사람이 걱정하고 반대했지만 큰 문제없이 잘 마쳤다. 선발을 위한 평가를 안 할 수는 없다. 하지만 끝없이 줄을 세우는 평가에서 벗어나 즐겁게 배우고 익힌 것을 마음껏 드러내는 과정을 존중하고 인정한다면 '즐거운 배움'도 가능하지 않을까.

우리가 늘 해 오던 틀에서 바라보면 엄청난 변화다. '현실은 그렇지 않아. 어쩔 수 없어' 하는 생각에 갇혀 한 발자국 앞으로 나아가지 못한다면 아이들은 여전히 힘들고, '우리 교육'은 백 년 뒤에도 '줄 세우기 경쟁'만 이야기할지 모른다. 좋은 생각이 있다면, 아이들이 바라는 것이 있다면 아주 작은 것이라도 시작해 보자.

우리가 가는 길의 중심에는 늘 '아이'가 있고, 아이들에게 기꺼이 곁을 내주는 교사가 있다. 오랜 시간 교사로 살면서 어쩔 수 없다고 생각했던 관행을 하나하나 살펴 학교를 힘들게 하는 것이라면 과감하게 없애고 아이들의 성장에 필요한 일이라면 제자리를 잡도록 할 생각이다. 아이들의 소리 없는 외침을 붙잡아 정책으로 다듬고 학교에 스며들도록 하고 싶다.

교실은 떠났지만 또 다른 현장에 서 있다는 마음으로 살고 있다. 작은 일 하나라도 정성을 다해 다시 살펴보려고 한다. 지금 아이에게 중요한 것은 무엇일까. 교사와 학부모라면 이 일을 어떻게 바라볼까. 아이들을 위한다는 어른들의 주장이 정말 아이들의 성장에 도움이 될까. 순간순간 고민을 나누는 과정에서 기록했던 글들을 정리해 보았다.

내 이야기가 교육의 길을 밝혀 가는 동료들에게 작은 물음이 될 수 있다면 좋겠다.

2021년 3월 봄날, 강원도교육청에서 강삼영

차례

책을 펴내며 4

좋은 건 알겠는데, 현실은 그렇지 않다? 11

저희가 영원히 슬플 것이요 · 지침을 기다리지 말라 · 아이들에게 필요한 것을 주자 · 누구에게나 학교는 가까이 있어야 한다 · 교육은 그것에서 멈추면 안 된다 · 공기청정기 · 결핍이 키우는 것 · '학교폭력'이라는 말 · 학교에 오는 까닭 · 왜, 우리는 즐거운 일을 지겹게 시킬까 · 느린 성장, 유아기의 특권 · 표현은 살아 있다는 증거 · 호기심, 인간의 네 번째 본능 · 선택 알고리즘

'아이'가 울고 있는 게 아니라 '동철이'가 울고 있는 것이다   85

우리 집 아이는 공부를 안 한다? · 놀이는 '자유'다 · 어른들은 빠져 주세요 · '학생중심'이라는 말 · 아이들이 두려워하는 존재 · 시작해야 가능하다 · 아이를 개별로 대해야 한다 · 학교총량제? · 우리 동네 우리 학교 · 교육목표 · 다시 맞이하고 싶은 순간이 있다면 · 기다림, 열정 그리고 지혜 · 학교의 친절함 · 교육공동체 '학교'

'미래'가 아니라 '오늘'을 사는 아이들, 교실의 출발은 어디여야 할까?   145

꿈을 넘는 아이들 · 소중한 것 · 처음 만난 1학년 아이들 · 동네 학교를 떠나는 아이들 · 기원이 전학 가던 날 · 울지 마라 · 공부를 그렇게 땀나게 해 봐라 · 하지 못한 말 · 내 소원은 돈 많이 버는 것 · 우리나라에 교육과정이 있는가? · 정말, 교육 때문이라고? · 봄

읽어 두기
어떤 글에서 아이들 이름은 본디 이름이 아닙니다.

**좋은 건 알겠는데,
현실은 그렇지 않다?**

아이들 곁을 떠나
또 다른 현장으로 왔다.
일터는 바뀌어도 내 좌표는
아이들과 동료 교사들이
함께하는 그곳이다.
어제와 다른 오늘,
더 좋은 선택을 하려면
어떤 생각을 쌓아 가야 할까?

아이들이 온다

3월이 간다.
이제야 간다.

가면 오는 것이 세상의 이치
아이들 온다.

그날 이후
차마 이야기할 수 없어서
우리에겐 늘 3월이었다.

눈부시게 노란 개나리가 피고
연분홍 벚꽃 봄바람에 날려도
아이들 없는 4월을
마주할 수 없었다.

'찰랑, 차르르'
봄바다는 더욱 슬프고
모래톱 쓰다듬는
파도 소리에도 눈물이 났다.

슬픔이 모이고

눈물이 흘러
희망이 된다

아이들 온다
4월이다.

2017. 3. 31.

논평

집.
아침 일찍 눈이 떠졌다. 다른 날보다 더 깔끔하게 몸을 닦고 출근했다. 엊저녁에 불던 바람이 아니다. 봄바람이다.

사무실.
뉴스 스크랩하는 동료만 사무실에 나와 있다. 7시 30분이다. 컴퓨터를 켜고 논평을 준비했다. 동료들이 하나둘 출근하고 이어 전화가 울린다.
"대변인님, 기자 전홥니다."
"오늘 헌재 판결에 따른 교육감님 논평 준비하고 계시죠?"

작은학교, 누리과정, 역사 교과서 국정화… 정부와 부딪혔던 일들이 머릿속을 훑고 지나간다.

헌법재판소의 결정을 환영한다.
박근혜 정부 4년, 분권과 교육 자치의 소중함을 절감하는 시간이었다. 도민 모두 느끼셨겠지만, 국회의 탄핵소추안 가결 이후에도 강원교육은 안정된 발걸음을 이어 갔으며, 두 달 뒤 새로운 정부가 들어설 때까지 학부모님들이 걱정하지 않도록 정상적인 학교 교육과정 운영에 모든 노력을 아끼지 않겠다.
그동안 강원교육은 부당한 정부의 교육정책에 맞서 '작은학교 살리기', '누리과정 예산 국고 지원', '역사 교과서 국정화 폐지' 등 교육과 헌법적 가치를 지키기 위해 험난한 길을 마다치 않았다.
앞으로 새로운 정부와 함께 '돈 안 드는 교육', '좋은 교육', '정의로운 교육'을 추구하는 '교육 선진국'의 새 희망을 만들어 가겠다.

며칠 동안 떠올렸던 내용을 전달하고 기다린다.

"교육감님이 검토하셨고, 말없이 건네주셨어요."
수행비서가 문자를 보내왔다.

11시 22분.
"이에 재판관 전원의 일치된 의견으로 주문을 선고합니다."
"주문, 피청구인 대통령 박근혜를 파면한다."

2017. 3. 10.

저희가 영원히 슬플 것이요*

6시.
퇴근하자마자 집에 와서 누웠다.
한잠 잤다.

10시.
잠을 깼다.

세월호가 올라오고 있다.
대통령 파면이
인양의 전제 조건인 것처럼

내려가야 할 것이 내려가니
올라와야 할 것이 올라온다.

슬퍼하는 자
슬퍼하지 않는 자

슬퍼하는 자는 복이 있나니
저희가 영원히 슬플 것이요.

11시.

잠이 오지 않는다.

2017. 3. 22.

* 윤동주의 '팔복'에서

지침을 기다리지 말라

지침을 기다리지 말라.
학교 상황을 가장 잘 아는 사람은
다름 아닌 학교 구성원이다.
다니기 어려울 만큼 비가 오고,
감당하기 힘든 만큼 눈이 오고,
통학로 주변으로 산불이 나면

기다리지 마라.
휴업을 하라.
단축수업을 하라.
바깥 활동을 자제하라.
지침을 기다리지 말고
학교 구성원이 판단하라.

미세먼지가 심하다고 한다.
'마스크 쓰고 다녀라'
'체육은 체육관에서 해라'
'손 자주 씻어라'
이런 판단도 지침이 있어야 가능한가?

아니다.

가만히 있지 마라.
지침을 기다리지 마라.

지금 우리가 키워 가야 할 것은
상급 기관의 힘이 아니라
자치의 힘이다.

2017. 3. 30.

누구를 위해서

오늘 어느 국회의원실에서 보도 자료가 하나 나왔다. '강원 지역 학력 격차 심각! 격차 해소 위한 대책 마련 되어야' 이런 제목이다.

2016년 중·고등학교 국가수준 학업성취도 평가 자료를 분석했다면서 국·영·수 과목의 학업성취도를 '보통 학력 이상'으로 평가받은 학생 비율이 80% 이상인 중고등학교 수를 시·도별로 열거하고 있다.

어느 시·도에 그런 학교가 많을까. 당연히 인구가 많고 소득수준이 높은 순서로 나오게 된다.

보도 자료의 목적은 대도시와 농어촌의 학력 격차를 해소해야 한다는 주장을 뒷받침하기 위한 것이겠지만, 작은학교에서 오늘도 아이들과 씨름하고 있는 교사들은 자괴감을 느낄 수밖에 없다.

마침, 이런 보도도 나왔다. 전주의 한 특성화고 여학생의 죽음과 관련해 "현행 정부의 특성화고 지원 정책은 취업률에 따라 차등적으로 예산을 교부하고 있어 학교나 교육청에서는 취업률만을 올리기 위해 경쟁으로 내달릴 수밖에 없는 구조"라며, "교육부는 취업률에 근거한 시도교육청 평가를 통해 예산을 차등 교부하는 행위를 중단하라"고 주장했다.

아이를 등수 매기고, 학교를 등수 매기고, 전국의 교육청을 등수 매겨서 무얼 하려고 할까. 더 열심히 무엇인가를 하게 하려는 것이겠지만 결국 교육은 없고 경쟁만 남는다. 그리고 아이들은 쓰러져 간다.

2017. 3. 27.

마을교육공동체

좋은 글귀를 만났다.

"학교의 정문은 교문이 아니라 마을 입구여야 한다."

2017. 3. 24.

봄비

조팝나무에
대롱대롱
매달린
봄비
봄

2017. 3. 26.

먼저 간 아이들 몫까지 행복해야 한다

비 오는 식목일.

어제 직원들이 식목 행사로 심은 자작나무는 뿌리를 잘 내리겠다.

오늘.

딸아이 생일이다. 그날도 비가 내렸다. 아이 이름을 어찌 지을까 고민하다 나무 심고 비가 오면 그보다 은혜로운 일이 또 있을까 싶어 '은비'라 지었다. 마취에서 깨어난 아내도 좋다 해서 그렇게 출생신고를 했다.

1997년 4월 5일 태어났으니까 스물한 살. IMF금융위기가 벌어진 해 태어났고 세월호 침몰로 목숨을 잃은 아이들과 동갑이다. 지난 주말엔 생일 선물로 목걸이를 받고 싶다 해서 14k 목걸이를 사 줬다. 벚꽃 아래서 선물을 들고 환하게 웃는 아이가 눈부시게 빛났다. 아이를 볼 때마다 느끼는 거지만 짠하고, 미안하고, 고맙고 그렇다.

'그래, 그렇게 웃으면서 살아라. 너희는 꼭 그래야 한다. 먼저 간 아이들 몫까지 대신해 행복해야 한다.'

어두워질수록 빗소리가 더 또렷해진다.

오늘 밤, 비가 그치지 않을 것 같다.

2017. 4. 5.

아이들에게 필요한 것을 주자

"아, 우리 학교 다닐 때도 이랬으면 얼마나 좋았을까 이런 생각이 들더라고요. 숨요일, 참 좋은 것 같아요. 치악고 가 보고 깜짝 놀랐어요."

취재기자의 목소리에 힘이 난다.

숨요일은 "수요일엔 숨 좀 쉬자"는 학생들의 바람을 담은 정책이다. 수요일만큼은 강원도 고등학교 아이들 시간표에서 보충학습과 야간자율학습이 사라졌다.

원주 치악고에서는 인문, 사회, 교육, 자연, 공학, 예체능, 청소년 모두 7계열 55개 동아리 활동이 펼쳐진다. 학생들은 '내가 원하는 진로 탐구 활동을 마음껏 한다'며 만족감을 드러냈다. 홍천여고에서는 5인의 책 친구, 독서 토론 카페, 언니들의 북 토크 같은 다양한 토론 마당이 펼쳐진다. '책을 읽고 함께 나누며 진짜 공부하는 기분'이라는 반응이다. 평창 진부고는 학생중심으로 미니콘서트, 퍼포먼스, 점심시간 늘이기 같은 다양한 계획을 현실로 만들고 있다. 아이들이 '우리가 할 수 있는 것이 참 많다는 걸 깨닫게 된다'며 좋아한다.

대한민국에서 고등학교에 다녀 본 사람이라면 누구나 우리 아이들에게 가장 필요한 것이 '쉼'이라는 것을 이해할 것이다. 일주에 한 번 수요일은 보충수업과 야자를 하지 않는 '숨요일'에 학생들은 전폭적인 지지를 보내고 있다. 대변인실에서 실시한 설문 조사를 보면 참여 학생의 91%가 제도에 동의한다고 밝혔다(적극 동의 70.5%, 동의 20.6%, 보통 4.9%, 동의 안 함 3.9%). 하지만, 부모님들의 생각은 조금 다른 것 같다. 언제부턴가 우리는 아이들이 '아무것도 안 하고 있는 것'을 불안해한다.

아이들에게도 아무것도 안 할 자유가 있다. 일주일에 한 번이라도 오후 4시부터 아이들에게 시간을 주길 바란다. 동아리를 할 아이들은 친구들을 모을 것이고, 운동할 아이는 공을 들고 운동장으로 나설 것이다. 잠이 부족한 아이는 잘 것이고, 책을 읽고 싶은 아이는 도서관을 찾을 것이다. '숨요일' 성공, 학부모님들의 관심과 응원이 필요하다. 아이들에게 필요한 것을 주자!

2017. 3. 21.

좋은 건 알겠는데 현실은 그렇지 않다?

오늘 춘천교육청 학부모 강의를 다녀왔다. '좋은 부모'를 주제로 이야기를 나눴다. 어떤 부모가 될까. 쉬운 듯 쉽지 않은 듯. 내가 좋은 부모인가 돌이켜 본다. 이어서 교육 이야기를 나눴는데 부모님들 다수가 "좋은 건 알겠는데, 현실은 그렇지 않다"는 반응을 보인다.

'한글교육책임제' 좋은 건 알겠는데, 현실은 그렇지 않다.

'자유학년제' 좋은 건 알겠는데, 아이가 공부를 안 하는 것 같다.

'숨요일' 좋다. 그런데 우리 아이만 뒤처지는 건 아닌지.

우리는 왜 좋은 정책을 실현할 수 없을까. 그놈의 현실 때문에 우리는 그동안 많은 것을 포기했다. 텔레비전에서 북유럽의 교육제도와 아이들을 볼 때마다 '우리는 왜 저렇게 못 할까' 부러워하다가도. 우리가 그걸, 그 좋은 걸 해 보자고 하면 현실, 공부, 등수를 탓하며 시작도 못 하게 한다.

좋은 일이면 그냥 좀 하자. 잘, 하자.

2017. 4. 20.

가정중학교 개교 기념식

'여우내에 새길 여는 날'이라고 하네요.
"우리는 좋은 이웃, 우리가 희망이다"
결을 만들고 내주는 학교라는 생각이 들었다. 마을분들 모두 함께해서 더욱 빛났다. 아이들이 진행하는 행사, 아이들이 맨 앞에 앉는 행사. 참 좋았다. 그리고 더욱 재미있는 것은 '집밥처럼'이라는 학교 식당 이름이었다.

공립형 대안학교*를 세우겠다는 정책으로 2015년 현천고등학교가 처음 문을 열었고, 가정중학교에 이어 내후년 홍천에 노천초등학교까지 세워지면 그 체계가 완성되는 셈이다.
현재의 공교육이 품을 수 없는 아이들이 있다. 이건 외면할 수 없는 사실이다. 흔히 우리는 학업 중단을 개인의 문제라고 생각하기 쉽지만, 현재 교육 체제의 답답함 때문일 수도 있다. 생각을 바꿔야 한다. 아이를 학교에 맞추는 것이 아니라 아이들 하나하나에 맞는 학교를 꿈꿔 왔다. 그것이 대안교육이고 대안학교다. 그동안 공교육이 애써 외면했던 일이지만, 제도의 틀을 조금 더 밖으로 확장해 자유로운 교육과정을 실천할 수 있게 되었다.

아이들 이야기에서 시작하는 공부, 학생회 결정이 실현되는 학교. 놀이와 공부의 경계가 없어서 일상이 놀이고, 일이고, 공부인 학교. 학교의 모든 활동이 자연스럽게 삶으로 연결되는 교육. 그 꿈이 강원도 공립형 대안학교에서 펼쳐지길 소망한다.

"존엄의 동등성이 보장되는 따뜻한 학교. 우리는 좋은 이웃, 우리가 희망이다"

105명의 학생과 40여 명의 교직원이 말하는 가정중학교의 이정표다. 한 학부모의 말처럼 '서툴고 삐뚤빼뚤 자라지만 좋은 이웃'으로 우리 곁에 남을 것이라 확신한다.

2017. 4. 28.

* 대안교육을 하는 학교는 크게 대안학교(각종학교)와 대안교육 특성화학교로 구분한다. 가정중학교와 현천고등학교는 대안교육 특성화중학교, 노천초등학교는 대안학교(각종학교)로 분류한다.

누구에게나 학교는 가까이 있어야 한다

 특수학교, 장애가 있는 학생들이 삶을 이어 가는 공간이다. 동해, 삼척 아이들도 가까운 곳에서 특수교육을 받을 권리가 있다.

 지금 내가 사는 곳은 동해 망상이다. 월요일 아침 6시가 조금 지나 집을 나서면 8시 30분 춘천에 있는 도교육청에 도착할 수 있다. 벌써 7년째 같은 생활을 되풀이하고 있다.

 그런데, 그 시각 강릉 오성학교(특수학교) 통학 버스가 망상 나들목을 지나간다. 삼척과 동해에서 강릉 오성학교까지 다니는 아이들을 태우러 오는 차다. 특수교육 대상 학생들은 이 시간에 집에서 나와 저 버스를 타야 한다. 세상에 이런 일이 있을 수 있는가.

 춘천에는 동원학교, 계성학교, 명진학교 이렇게 세 개의 특수학교가 있고, 원주에는 청원학교가 있고 곧 두 번째 특수학교가 생길 예정이다. 강릉에는 오성학교가 있고, 속초에는 청해학교, 태백에는 미래학교가 있다. 그런데 인구가 강원도에서 네 번째로 많은 동해시에는 특수학교가 없다. 이것을 어찌 설명할 수 있는가. 장애를 가진 아이들도 사랑스런 우리 아이들 아닌가. 그런 까닭으로 많은 사람이 동해 삼척 지역에도 특수학교가 있어야 한다고 생각했고, 그것이 강원도교육청 계획*으로 수립되었다.

그런데 학교가 들어설 동네 주민들이 반대하고 있다는 언론 보도가 잇따르고 있다. 우리의 이기심이 어찌 여기까지 이르렀을까. '서민 아이들은 우리 아파트 놀이터에 오지 못하게 한다'는 일이 대도시의 일부 부유층들 이기심인 줄만 알았는데, 보통 사람들 마음속에도 같은 이기심이 있었구나. 부끄럽고 부끄럽다.

2017. 5. 12.

* 2020년 3월, 원주에 개교 예정이었던 특수학교가 '봉대가온'이라는 이름으로 문을 열었고, 동해특수학교는 주민들의 동의를 얻어 공사를 시작했다. 2022년 3월 개교를 목표로 하고 있다.

교육은 그것에서 멈추면 안 된다

어제, 오늘 하늘이 맑고 깨끗하다. 먼 산이 보이고, 바다가 보이고, 그리고 파란 하늘.

미세먼지, 결국 사람 탓인데. 인간이 미세먼지를 만들고는 짐짓 자기는 아무 잘못이 없는 것처럼 미세먼지를 탓한다. 자기가 벗어 놓아 집 안을 굴러다니는 냄새 나는 양말을 탓하는 것과 같다.

급기야 새 정부는 화력발전소 멈추고, 경유값 올려 경유 자동차 억제하고, 측정기와 공기청정기를 설치하겠다고 한다. 필요한 일이다.

하지만, 교육은 그것에서 멈추면 안 된다. 아이들 스스로 환경오염의 심각성을 깨우치도록 도와야 한다. 미세먼지와 관련해 지금 하는 환경교육을 새롭게 변화시켜야 한다. 우리 학교의 미세먼지 농도를 학생 스스로 측정하고, 다른 지역과 견줘 미세먼지 발생 원인을 찾아야 한다. 그리고 미세먼지를 줄일 수 있는 구체적인 실천도 함께해야겠지. 필요하다면 캠페인도 하고, 미세먼지가 건강에 끼치는 영향과 이를 대비한 행동 요령도 스스로 깨우쳐야 한다.

교육은 어렵다. 돈으로 되는 것이 아니다. 하지만, 가야 할 길이다.

2017. 5. 15.

금계국

늦은 밤
별빛 틈새를 걷다
노란 꽃을 만났다.

'풀꽃들도 4차 산업혁명을 준비할까'
멍청한 생각을 했다.

그리고 이런 멋진 말도 떠올려 봤다.

'오늘을 또렷하게 사는 이들은
내일을 걱정하지 않는다.'

2017. 5. 24.

공기청정기

 미세먼지 때문에 공기청정기를 교실에 두어야 한다는 여론이 일고 있다. 공기청정기 설치 비율이 시·도 단위로 공개되고 있다. 공기청정기 설치 비율이 중요한 것이 아니라 실제 교실의 공기 질이 더 중요한 것이 아닌가.
 공기청정기 생각을 하면 정수기를 둘러싼 일들이 떠오른다. 지금 학교에 정수기는 거의 사라졌다. 필터 교체와 종이컵으로 생기는 위생 문제가 더 컸기 때문이리라.
 교실 청소 깨끗하게 하고, 교문까지 아이들 태워 주지 말고, 대중교통 이용하고, 가까운 길은 걷자.

공기청정기보다
깨끗한 교실이 먼저다.
공기청정기보다
미세먼지 줄이는 것이 먼저다.

2017. 5. 29.

아무도 위하지 않는 '기사'

이해하기 어려운 '기사'를 읽었다. 이런 주장에 교사들이 흔들리지 않기를 바란다.

내가 아는 한 아이가 있다. 지금 고등학교 2학년이다. 중학교 3학년을 마치고 서울의 한 학원에 방학맞이 특별 수업을 신청했다. 아이 엄마는 아이 바람대로 학원 옆에 원룸을 얻어 아이 뒷바라지를 했다. 한 달 특별 수업을 열심히 들은 아이는 "엄마, 학교 선생님이 더 친절하고 이해하기 쉽게 가르치는 것 같아"라고 했다. 엄마는 안심했고 막연하게 서울의 학원에는 특별한 수업이 있을 거라 생각했던 아이도 '공부는 자신이 해야 한다'고 생각했다. 그리고 학교 수업에 더욱 집중했을 거다. 내가 알기로도 지금 학교생활 잘하고 있다.

오늘 도내 한 신문에 이와 다른 A양의 사례가 실렸다. 앞의 아이와 같은 이유로 서울의 학원에 다니는 아이 이야기다. "오후 2시부터 5시까지는 수학 수업이다. 평소 수학이 취약한 A양은 이 시간 가장 집중해야 한다. 수업을 마치고 서둘러 지하철과 버스를 타고 춘천에 도착하면 오후 8시쯤. 저녁 시간이 한참 지날 때야 겨우 집에 다다른다. 학원비와 교통비, 점심값 등을 생각하면 부모님께 너무 미안하지만 수업을 들을 때마다 옳은 선택이라는 확신이 든다. A양은 '학교보다 더 체계적으로 가르치는 학원을 보면 주말 서울 공부를 포기할 수가 없다'며 '솔직히 학교 수업만으로는 성적이 안 오른다는 건 선생님들도 안다'고 말했다."

아이에 따라서는 학원식 수업이 더 효과가 있을 수도 있다. 25명, 30명이 아니라 대여섯 명 아이들을 모아 놓고 코앞에서 수업하면 그럴 수도 있겠다. 하지만 이렇게 익숙해진 아이는 학교 수업에 적응하기 어렵다. 늘 학교 수업이 불만일 거고 자신을 가르치는 학교 선생님에 대한 신뢰도 떨어질 거다. 학교 수업과는 점점 멀어질 수밖에 없다. 학교생활도 재미있을 수가 없다. 월요일부터 금요일까지 학교 수업에 재미를 붙이지 못하는 아이가 주말 서울의 학원에서 공부한다고 성적이 올라갈까. 결과를 알고 싶다. 학교 수업에 집중하지 못하면 생각하는 결과를 얻지 못한다.

아이마다 다르다. 이건 사실이면서 진실에 가깝다.
학원이 더 체계적으로 가르친다는 확신을 하는 'A양', 그리고 학교 수업이 전부라고 생각하고 집중하는

'내가 아는 아이', 그리고 이 땅의 '교사'. 이들은 '기사'를 어떻게 볼까. '기사'는 아무도 위하지 않고 아무도 도와주지 않는 '사실'일 뿐이다.

2017. 6. 13.

일제고사

 교육부는 국정기획자문위원회의 제안을 반영하여, 금년도 국가수준 학업성취도 평가는 시도교육청에서 자율적으로 시행하고 국가수준의 결과 분석은 표집학교에 대해서만 실시한다고 밝혔다.

 나는 혁신교육의 전면 등장은 일제고사에서 시작되었다고 본다. 당시는 전국학업성취도 대비 ○○도학력평가, ○○도학력평가 대비 ○○시학력평가를 시행하는 지경까지 이르렀다. 초등학교 3학년도 아침마다 복사기를 돌아 나오는 시험지를 풀어야 하루를 시작할 수 있었고, '○○의 기적'이라며 기초학력 미달 0%라는 결과 뒤에는 초등학생들이 밤 9시까지 학교에 남아 시험지를 풀어야 하는 고통이 있었다. 그리고 이러한 풍경은 고스란히 방송을 통해 모든 국민에게 전해졌다.

 그즈음 교육감 직선제가 도입되었고, 성적보다 적성을, 경쟁보다 협력을 앞세운 교육감들이 등장하기 시작했다. 좋은 교육은 늘 학생중심이었고, 적성과 협력과 행복을 앞세우는 것이었다. 우리는 다시 그 길을 가고 있다고 믿는다.

2017. 6. 20.

축구 금지

오늘 학업성취도 평가가 표집으로 바뀌었다. '소위' 일제고사가 폐지된 것이다. 10년 전에 쓴 시가 생각나는 날이다.

D-29
나는 이 말이
고3 누나들 교실이나
책상에만 붙는 말인지 알았다.

그런데,
열세 살, 초등학교 6학년 3반
우리 교실 칠판에
아주 커다랗게 붙었다.

'D-29'
그 아래
'축구 금지'라는 글씨가 쓰이고
날마다 풀어야 하는 시험지가
산더미처럼 쌓였다.

"오늘부터 축구 금지다. 아침에 오면 시험지 한 장씩

풀고 답 맞히고, 공부 끝나고 또 한 장 풀고, 그리고 틀린 문제는 오답 공책에 써서 검사 맡아라. 그 전엔 집에 못 간다."

하늘은 파랗고
가을바람은 시원하고
축구공은 교실에서
팽팽하게 열이 오른다.

2017. 6. 20.

4차 산업혁명

 2016년 1월 세계경제포럼은 4차 산업혁명을 화두로 꺼내면서 '디지털 혁명에 기반을 두어 물리적 공간, 디지털적 공간과 생물학적 공간의 경계가 희석되는 기술 융합의 시대'로 정의했다.

 이후, 교육계에도 '4차 산업혁명에 대비한 교육'을 해야 한다는 이야기가 주류를 이루고 있다. 특히, '지금 초등학교 1학년 학생의 65%가 현재에 없는 직업을 갖게 될 것'이라는 주장은 '정말 그렇게 될 것인가?' 하는 사실 여부와 관계없이 우리를 주눅 들게 하기에 충분하다.

 '미래를 대비한 교육' 당연한 말이다. 교육은 늘 그래왔다. 1760년경 증기기관 발명 이후 3차 산업혁명에 이르기까지 교육은 늘 닥쳐올 시대를 반영했다. 하지만, '미래를 대비한 교육'이 '좋은 교육'이었는지에 대한 생각에 이르면 고개를 갸웃거리게 된다.

 '좋은 스승'들의 수업 장면은 늘 우리를 설레게 한다. 기원전 소크라테스와 공자, 그리고 제자들의 대화를 엿보면 부럽기 그지없다. 학생들의 질문과 선생님의 답변, 그리고 꼬리를 무는 호기심과 깊은 사색들. 그것이 바로 '교육'이 지닌 가치다.

'미래를 대비한 교육'이라는 또 다른 수업 방식을 좇기보다 '교육'의 본디 가치를 담은 '좋은 수업'을 위해 교실을 열고 학교 담장을 넘어 세상과 소통하길 소망해 본다.

2017. 6. 21.

프로이드보다 아들러

초등학생들이 선생님 놀이를 하면서 가장 먼저 하는 흉내가 회초리를 들고 '손바닥 대' 하고 호통치는 모습이라면.

체벌이 거의 사라졌다고 생각하는데 아이들이 이런 장면을 만들어 내는 것을 보면 교육에 대한 무의식은 희망보다 고통, 지긋지긋해하는 시험과 경쟁에 내몰려 오늘도 사교육 현장을 떠도는 아이들을 생각하고 있는 것은 아닌지.

'무의식'을 강조하는 심리학자가 바로 프로이드다. 인간의 행동이 무의식에서의 억압이나 저항에 의해 지배된다는 주장. 반면 같은 시대를 살았던 아들러는 개개인의 특성에 초점을 맞춰 과거의 경험(무의식-트라우마)보다 '앞으로 어떻게 해야 할지'의 관점을 중요하게 생각했다.

오늘도 도교육청 대변인실은 어떤 '무의식'과 다투고 있는 것은 아닌지 생각해 본다. 교육에 대한 무의식이 희망과 감동의 모습으로 바뀌길 기대하며, 프로이드보다 아들러에게 기대고 싶은 날이다.

2017. 6. 27.

결핍이 키우는 것

나무를 본다. 줄기와 잎을 키우는 것이 비와 햇빛이지만, 뿌리를 더욱 깊게 내리도록 하는 것은 영양분이라기보다 가뭄이다.

자녀에게 남들만큼 잘해 주지 못해서 힘들어하는 학부모들을 더러 만난다. 그럴 때마다 생각나는 아이가 있다.

지난날, 우리 반에 피아노가 무척 갖고 싶은 아이가 있었다. 하지만 부모는 피아노를 사 줄 형편이 안 됐다. 아이는 멜로디언을 귀신처럼 다뤘다. 기회만 되면 교실과 음악실에 있는 오르간과 피아노에 앉아서 건반을 두드렸다. '피아노가 갖고 싶은 아이'는 우리 반 그 누구보다 피아노를 즐겼다.

좋은 부모, 좋은 선생님, 좋은 환경에서만 사람이 잘 자라는 것은 아니다. 우리 아이들의 뿌리를 튼튼하게 하는 것은 어쩌면 어떤 결핍일 수도 있지 않을까 생각해 본다.

2017. 6. 30.

이별

교사만큼 이별이 일상인 직업이 또 있을까. 해마다 아이들이 바뀌고 동료가 바뀐다. 늘 하는 이별이지만 난 도무지 익숙해지지 않는다.

도교육청은 아이들과의 이별은 아니지만 1월, 3월, 7월, 9월, 네 번의 송별식과 네 번의 환영식이 있다. 6월을 보내며 헤어짐과 만남을 또 겪어 내고 있다. 헛헛하다.

엉뚱한 기대인지는 모르겠지만 "이 땅의 교사들을 안쓰러워하는 따뜻한 눈빛을 만나고 싶다."

2017. 6. 28.

강원도행복청입니다!

캠페인을 시작한다. '교육'을 둘러싼 '어떤 무의식'과 씨름판을 벌이고자 한다.

공부 하면 시험이 아닌 호기심이 떠오르기를
학교를 떠올리면, 폭력이 아닌 어깨동무가 생각나기를
교육 하면 고통이 아닌 희망이 차오르기를

공부가 좋아서 행복하고
운동이 좋아서 행복하고
노래가 좋아서 행복하고
그림이 좋아서 행복하고

좋아하는 것을 할 수 있어서 행복하길…
그리고 그 일을 평생 하면서 행복할 수 있기를

행복한 교육이 행복한 사람을 만든다는 믿음으로.

2017. 7. 3.

'학교폭력'이라는 말

국가폭력은 국가라는 공권력이 행한 폭력을 뜻한다. 그런데 학교폭력은 학교라는 제도, 또는 교직원들이 학생들에게 행한 폭력을 뜻하는 것이 아니라 학생들 사이에서 일어난 폭력을 뜻한다. 학생들 사이에서 일어난 폭력을 왜 학교폭력이라 이름 붙였는지 답답하다. 아이들이 친구들과 제대로 관계 맺지 못하는 책임을 모두 '학교'에 떠넘기려고 하는 의도가 있지 않은가 의심해 본다. 그리고 '학교'를 '폭력'과 결부시키려는 나쁜 의도를 의심하지 않을 수 없다. 개인 사이에서 일어나는 폭력을 국가폭력이라고 하지 않는 것처럼, 학생 사이에서 일어나는 폭력을 학교폭력이라 해서는 안 된다.

나는 '학교폭력 예방'이라는 말조차 폭력적이라 생각한다. 학교는 희망이어야 한다. 모든 학교 구성원들은 학교와 교육을 희망과 행복이라는 말로 바꿔 부를 수 있을 만큼 더 노력해야 한다. 덧붙여, 현행 학교폭력 관련 법 개정 논의가 있을 것 같다. 이참에 반드시 법률 이름부터 뜯어고치길 기대한다. '학생 간 폭력' 또는 '학생 사안' 정도로 바꾸었으면 좋겠다. 그리고 또 하나, 부모, 학교 구성원, 그리고 지역사회가 서로 책임을 피하지 않고 평화로운 학교를 위해 함께 노력하길 바란다.

2017. 7. 19.

학교에 오는 까닭

아이들은 빛나고 싶어 한다. 자신이 가장 빛나는 순간을 늘 꿈꾼다. 노래할 때 빛나는 아이들이 있고, 공을 찰 때 빛나는 아이들이 있다. 그래서 아이들은 축구 하러, 노래하기 위해, 친구와 어울리려고 학교에 가기도 한다. 그래서 "학교는 밥 먹으러 가는 곳이 아니라 공부하러 가는 곳"이란 말은 폭력이 될 수 있다.

오늘도 우리 아이들은 공을 차고, 노래하고, 친구와 어울리기 위해 학교에 갔지만 공부 시간만큼은 그렇게 어른들이 좋아하는 '공부'를 한다.

2017. 7. 25.

왜, 우리는 즐거운 일을 지겹게 시킬까

뛰기 좋아하는 아이들. 아이들끼리 노는 걸 가만히 본다. 둘만 되면 '시-작!' 하고 달린다. 고개를 치켜들고, 머리를 흔들며, 손가락 끝까지 힘을 주고 바람을 가른다.

넘어질까 걱정스럽지만 아이는 한 걸음이라도 빨리 뛰려 한다. 본능인가. 유치원이나 1학년 아이들, 한결같은 모습이다. 우리 유전자 속에 생존을 위한 경쟁 유전자가 있나 싶을 정도다.

달리기는 본능. 이제, 어른들이 할 일은 친구보다 앞서 달리는 것이 아니라, 어제의 자신보다 더 멋진 자세(고개를 치켜들지 않고, 머리를 흔들지 않고, 무릎을 적당하게 들고, 알맞게 구부린 팔을 균형 있게 앞뒤로 흔들고)를 갖추도록 하는 일이겠지. 여기에 더해 달리기의 매력을 느낄 수 있게 해 주면 더할 나위 없다.

어릴 때 일을 지겹게 한 사람들이 농사일이라면 고개를 절레절레 흔드는 것처럼, 공부도, 운동도, 독서도, 그 무엇도 지겹게 시키면 안 된다. 평생, 공부하고 운동하고 책을 읽는 아이로 키우고 싶다면….

2017. 8. 9.

절대평가와 상대평가

절대평가를 두고 '91점과 100점이 같은 등급을 받는 것이 공평한 것이냐?'는 지적이 있다고 한다. 그러면, '현재 상대평가에서 1, 2, 3, 4등은 1등급이고 5등은 2등급을 받는 것은 공평한 것인가?'라는 질문에 뭐라 답할 수 있을까.

어른들은 '변별력 확보'라는 말을 던져두고 소위 점수가 높다는 1등급 학생을 또 어떻게 줄을 세울까 고민하고 있다. 3, 4, 5, 6, 7, 8, 9등급 아이들에게 '변별력'은 어떤 의미일까. 나름대로 최선을 다해 초·중·고 12년의 생활을 무사히 마친 아이들에게 '그 어른들'은 어떤 눈빛을 하고 있는가.

'교육의 과정으로써 평가'와 '선발을 위한 평가'에서 우리는 늘 고민에 빠진다. 우리가 말하는 '수능'은 어느 쪽일까. 자격시험이라는 것이 그 자격을 갖추면 누구에게나 자격을 주는 것처럼, 수학능력시험도 말 그대로 수학능력 여부만 판단하면 충분하지 않을까. 대입 제도가 바뀌면 교육의 뿌리까지 흔들리는 나라에서 수능이 '교육의 과정으로써 평가하는' 역할을 하기는 쉽지 않을 것이다. 하지만 그 방향으로 조금씩 조금씩 나아가야 한다.

"그동안 힘들었지, 고생했다, 그 정도면 충분히 잘했어." 이렇게 격려하는 평가 제도를 상상할 수는 없는지. 정말 숨 가쁘게 달려온 아이들 아닌가. 이 아이들에게 용기를 주는 평가 제도가 지금 논의하고 있는 절대평가의 기준 원칙이 되길 바란다.

2017. 8. 7.

백일 동안 지는 꽃

배롱나무꽃이 한창이다. 석 달 열흘 붉은 꽃이라고 했는데, 맞는 말이다. 먼저 핀 꽃이 떨어지면 또 다른 꽃봉오리가 이어서 핀다. 그렇게 100일을 이어 간다. 배롱나무는 무슨 소원을 품고 100일 기도를 하는지 궁금하다.

삼복더위가
피워 낸 백일홍

'석 달 열흘 붉은 꽃'
그것도 맞지만

'백일동안 지는 꽃'이기도 해

떨어진 꽃이
더 예쁜
배롱나무

2017. 8. 14.

느린 성장, 유아기의 특권

아이들은 스스로 발견하고 노는 과정 속에서 학습하고 새로운 사실을 알아 가고, 새로운 기술을 배우고, 또 새로운 지식을 만들어 낼 수 있었다. 아동기 덕분에 우리가 존재할 수 있는 것이다. ● 데이비드 F. 비요크런드

인간은 다른 동물들과는 달리 느린 성장을 선택했고 그것은 우연이 아니다. 느린 성장을 선택했다는 것은 어쩌면, 아동기를 단순히 성인이 되기 위해 겪어야 하는 과정이라기보다 그 자체로 중요한 역할을 담당하는 시기라고 생각해야 할지 모른다. 기어 다닐 때만 보고 느낄 수 있는 세상이 있는 것과 마찬가지로 말을 못 할 때, 글을 읽지 못할 때 경험할 수 있는 또 다른 세상이 있다. 그걸 어른의 잣대로 빼앗으면 우리 아이들은 그 결핍을 영원히 회복할 수 없을 것이다.

말을 못 하는 아기는 세상의 온갖 소리를 듣지만, 말을 할 줄 아는 순간부터 들을 수 있는 세상의 속삭임은 그만큼 줄어든다. 글을 읽지 못하는 아이는 그림책에 숨어 있는 온갖 기호를 받아들인다. 하지만, 글을 읽을 수 있게 되면 아이 눈에는 그림보다 글이 먼저 들어온

다. 말과 글을 다른 아이들보다 빨리 터득한 아이는 그만큼의 결핍이 있을 수도 있다.

2017. 8. 30.

표현은 살아 있다는 증거

자기표현은 생명을 피어나게 하는 교육입니다. 어떻게 하면 즐거운 자기표현이 될까요? 말하기, 글쓰기, 그리기, 만들기, 노래하기…. 이런 여러 가지 갈래에서 아이들이 신명나는 표현을 즐길 수 있도록 한다면 그 몸과 마음이 무럭무럭 자라날 것입니다. ● 이오덕

모든 표현 수단을 빼앗기고 표현하는 길이 꽉 막혀 버린 사람은 죽을 수밖에 없거나 이미 이 세상 사람이 아니기에 십상이다. 불합리한 세상의 일에 분노해 사람들이 거리로 나서는 까닭도 자신들의 마음을 직접 전하기 위한 것이다. 사건 초기 언론이 제 역할을 하지 못하고 실체적 진실이 묻히는 것을 경험한 시민들로서는 어쩔 수 없는 선택일 수 있다. 이처럼 표현은 우리가 살아 있다는 증거이며, '집회와 시위의 자유'처럼 권력을 가진 사람들이 가장 두려워하는 것이기도 하다.

그런 측면에서 본다면, 읽기와 쓰기는 학생들에게 가장 필요한 삶의 도구다. 또한 숨쉬기가 생명 활동을 위해 꼭 필요한 일이라면 읽기와 쓰기는 세상으로 통하는 문이라는 생각이 든다.

글씨를 쓰기 전에는 아이들이 가위로 종이를 오리거나 찰흙이나 지점토로 무엇을 만들며 놀 수 있게 안

내해야 한다. 젓가락으로 콩알을 옮기는 활동이나 칼로 연필을 깎는 것도 좋은 놀이가 될 수 있다. 활동 끝에 충분히 세밀하게 손을 놀릴 수 있을 정도로 힘이 생기면 이제 글을 쓸 준비가 됐다는 뜻이다. 물론 그 뒤에 체계적인 글쓰기 연습도 해야 한다.

그리고 글쓰기는 누군가 읽어 주기를 바라고 하는 행위다. 어른들이나 친구들이 아이들이 쓴 글에 관심을 둘 때, 아이는 글이 가진 힘을 알고 자연스럽게 자기 마음을 담게 된다.

2017. 8. 31.

어른의 착각

아이가 칠판을 바라볼 때 더 많이 배우는지, 창밖을 바라볼 때 더 많이 배우는지 누구도 알 수 없다. ● 야누시 코르차크

아이의 말과 글은 자신과 식구, 그리고 이웃과 마을을 따뜻하게 바라보는 것에서 시작해야 한다. 돌이켜 보면, 지난 시절 나와 함께 공부했던 아이들 대부분은 자신들이 늘 만났던 이웃처럼 성장했고 그들이 하는 일을 하며 살고 있다. 아이들은 본능적으로 자신과 이웃을 사랑하고 자랑스러워한다. 그리고 자신의 미래도 이웃 어른들의 삶과 크게 다르지 않으리라 생각한다. 이런 아이들에게 무조건 전문가가 돼야 한다고 요구하는 것은 비극이다. 전문가라고 하지만 쉽게 말해 의사나 공무원을 말한다. 이것은 아이들의 꿈이 아니라 어른들이 강요한 것이다. 의사나 간호사라는 직업보다 '아픈 이들을 위로하는 사람'이라는 꿈을 갖게 해야 하지 않을까.

아이들이 교실과 교과서에서만 무언가를 배운다고 생각하는 것은 착각이다. 우리 주변의 모든 이웃이 우리 아이들의 미래다. 이른바 성공했다는 소수의 사람만

이 우리 아이들이 가져야 할 꿈이라는 속삭임이 계속되는 한 아이들은 '세상'이라는 커다란 교과서에서 배울 수 있는 것은 아무것도 없다.

2017. 9. 1.

인류의 첫 경험

아기는 인류의 전체 역사를 반복하고 있다. ● 벤저민 스폭

생명의 수정과 발달은 하나의 세포에서 시작한다. 이것은 인류의 탄생과 같은 과정이다. 생물 교과서에서 봤겠지만, 인간의 배아를 보면 물고기처럼 아가미가 있다. 걷기 시작하는 것은 네발로 기던 인류가 두 발로 서는 과정과 너무나 닮았다. 아이가 걷기 시작하고 손이 자유로워지면서 정교함을 배워 가는 과정도 인류의 진화 과정과 같다. 수백만 년 동안 인류가 걸어온 길을 아이들은 불과 7~8년 만에 하나씩 되짚어 나간다.

전기밥솥에서 하얀 김이 올라온다. 아이는 신기하기만 하다. 자꾸만 그쪽을 기어가 만져 보려고 한다. 엄마는 얼른 밥솥을 손이 닿지 않는 곳으로 치워 버린다. 오늘은 실패다. 하지만 실망하지 않는다. 밥은 날마다 하는 것이고 하얗게 올라오는 김은 언제든 만져 볼 수 있기 때문이다. 한 달 뒤 아이는 드디어 뜨겁다는 것이 어떤 뜻인지 알았다. 물론 눈물 콧물에 울음소리까지 토해 놓고 나서야 알았지만, 아이의 배움은 이렇게 불을 생활에 쓰기 시작한 인류의 첫 경험을 거쳐야 한다.

2017. 9. 4.

아이들에겐 실패할 권리가 있다

아이들을 사랑하는 것만으로는 부족합니다. 그들이 사랑받고 있음을 느끼도록 해야 합니다. ● 요한 보스코

누구에게나 삶은 전체다. 태어난 지 얼마 안 되는 아이, 또는 삶을 얼마 남겨 두지 않은 노인이라고 해서 일부분만 사는 것은 아니다. 그런데도 어린이에 대한 세상의 편견은 '어린이를 위한다'는 핑계로 세상 일부만 보여 주거나 왜곡해 드러내곤 한다.

어린이는 미래의 주인공이 분명하지만, 현재도 삶의 주인공이라는 사실을 잊어서는 안 된다. '어린이'를 미래의 삶을 준비하는 단계라는 생각에 머물면, 현재를 살아가는 아이들의 실체를 바로 볼 수 없다. 어린이를 위한다는 일이 오히려 어린이를 삶의 객체로 만들기도 한다. 어린이들이 바라고, 하고 싶고, 보고 싶고, 듣고 싶은 것이 아니라 어린이를 보호한다는 어른들이 바라는 것, 보이고 싶은 것, 듣게 하고 싶은 것만 주게 된다.

마음은 이해하지만 어른들이 바라는 것, 보이고 싶은 것, 들려주고 싶은 것만 주면 아이들은 실패를 경험할 기회를 빼앗겨 버리고 만다. 아이가 걸음마를 배우거나 말을 시작할 때로 돌아가 보자. 일어서다 넘어지고 한

발 내딛다 엉덩방아를 찧지만 절대 비난하지 않는다. 오히려 다시 해 보라고 격려한다. 그 힘으로 아기들이 걷고 말을 한다. 낯설고 새로운 길에 들어서는 것은 언제나 실패를 전제로 하고 있고 그것이 인류의 역사다.

그런데 아이가 학교에 들어서고 나면 아이의 실패를 격려하는 것이 아니라 비난하기 시작한다. 실패할 때마다 친구와 견주면서 기를 죽여야 속이 시원해진다. 모든 일에 자신만만하던 아이들이 점차 자신감을 잃어 간다. 처음 학교에 들어온 아이들한테 받아쓰기를 시키는 게 가장 고약한 사례가 아닌가 싶다. 받침 하나 빠뜨리거나 틀렸다고 여지없이 빨간 줄을 긋는다. 이건 격려가 아니다. 더구나 한 글자만 틀려도 10점을 깎아 버린다. 물론 100점을 맞은 아이들은 좋아하겠지만, 미리 집에서 공부하는 데 쏟아붓는 시간을 생각하면 안타깝기는 마찬가지다.

아이들에게는 실패할 권리가 있다. 시험을 보고 등수를 매기거나 '나쁜 어린이표'처럼 딱지를 붙이는 것은 아이들의 자연스러운 성장을 가로막는 일이 될 수밖에 없다.

2017. 9. 5.

금지하면 욕망한다

자유를 주면 방종으로 흐르기 쉽다는 주장은 타인에게 자유를 주지 않겠다는 무의식적인 지배욕을 전제한다. 우리는 사랑하는 사람에게 자유를 주려고 하지만, 우리가 지배하고 소유하려는 사람에게는 자유를 허락하지 않는다. ● 김수영

2013년 최대의 관객(1,232만 명)을 끌어모은 〈7번방의 선물〉은 15세 이상 볼 수 있는 영화였다. 하지만 영화를 본 사람들은 알겠지만 많은 부모가 초등학생과 함께 영화관을 찾았다. 15세 이상이면 중학교 3학년이다. 심의위원회가 나름 고민해서 '15세 이상 관람 가' 등급을 매겼겠지만, 영화를 본 사람 대부분은 '전체 관람 가' 판정을 내렸고, 자녀와 함께 영화를 봤다. 영화관 직원들도 이를 묵인했고, 등급을 어긴 어린 관객들에 대한 사회적 문제도 전혀 생기지 않았다. 만약, 영화관 측에서 15세 미만 학생들의 관람을 막았다면, '15세 이상 관람 가' 판정을 내린 심의위원들에게 비난의 화살이 쏟아졌을지도 모를 일이다.

사람의 삶에 경계를 지울 수 있을까? 열세 살까지는 하면 안 되고 열네 살부터는 해도 되는 일이 있을 수 있

을까? 학교에 들어가기 전까지는 가능하던 일을 초등학생이 되면 금지하거나 그 반대 상황이 만들어지기도 한다. 또한, 초등학생 때는 가능하던 많은 일을 중학교에 입학하는 순간부터 통제하는 것을 아이들은 혼란스러워한다. 사회와 어른들은 아이들이 동의하지 않은 경계를 만들고 아이들에게 강요한다. 금지하면 욕망한다고 했다. 아이들은 어른들이 금지한 것을 끊임없이 넘나든다. 자신들에게 주어진 '실패해도 되는 특권'을 마음껏 활용하면서 말이다.

2017. 9. 6.

호기심, 인간의 네 번째 본능

아이들의 공부는 호기심에서 시작해야 한다. 우리가 오랫동안 주장해 온 '아동중심 수업'이라는 것이 어떤 것인지 깊이 고민해 보자. 어른이 가르치고 싶은 것을 활동과 토론중심으로 한다고 아동중심 수업이라 할 수 있을까 싶다.

호기심은 인간의 네 번째 본능이라는 말이 있다. 식욕, 성욕, 주거욕. 동물들이 숲에서 쿵쿵거리며 돌아다닐 때는 이 세 가지 욕망을 추구하는 것이다. 하지만 인간만이 순수한 호기심을 추구한다. 오직 인간만이, 하늘의 별을 보면서 그게 무얼까 궁금해한다.

인간이란 존재는 성장하면서 호기심이 줄어드는 것이 사실이지만 아이들은 늘 호기심이 가득하다. 이 호기심이 아이들을 끝없이 탐구하게 만든다. 하버드 대학의 교육학 교수 폴 해리스는 두 살에서 다섯 살 아이들이 '설명을 구하는' 질문을 총 4만 건 정도 한다고 추산한다. 그래도 호기심은 늘 만족되지 않는 법이다.

아인슈타인은 상대성이론을 발견할 수 있었던 까닭을 어른이 되어서도 호기심을 잃지 않았기 때문이라고 했다. 아이들의 호기심에서 늘 공부를 시작할 수 있기를 바라고, 그것이 교육계가 고전처럼 이야기하는 아동중심 수업이 아닐까.

그리고 또 하나, 공부는 아이들이 하는 것이다. 결코 부모나 교사가 대신해 줄 수 없다. 책상에 앉아 있고, 교실에 앉아 있고, 학원에 가 있지만, 그 시간 모두 공부를 하는 것이 아님을 어른들은 알아야 한다. 성적으로 등수를 매기거나 친구와 견주는 것으로 아이들을 공부시킬 수 있다는 것은 착각이다. 특히 어린아이일수록 지나친 경쟁은 자존감에 상처를 주고, 손상된 자존감은 아이의 성장에 큰 장애로 작용하기 쉽다.

아이들에게 교사(부모) 자신이 아는 모든 지식을 함부로 가르치려 들면 아이들의 순수한 열정과 호기심은 순식간에 사라지고 만다. 그렇게 가르쳤을 때 우리 아이들의 삶은 배움에서 점점 더 멀어져만 갈 것이다.

2017. 9. 21.

놀이, 아이가 주인이다

아이들이 병들었다면 그것은 마음껏 놀지 못한 것에 대한 복수다. ● 에리히 프롬

시인 이문구 선생의 '개구쟁이 산복이'라는 시를 아는지, 한번 읽어 보겠다.

개구쟁이 산복이
이마에 땀방울 송알송알
손에는 땟국이 반질반질
맨발에 흙먼지 얼룩덜룩
봄볕에 그을려 가무잡잡
멍멍이가 보고 엉아야 하겠네
까마귀가 보고 아찌야 하겠네

산복이는 어른의 말을 듣고 놀지 않는다. 그냥 친구들과 어울려 논다. 자기들을 지켜보는 어른도 없을 거다. 날이 어둑어둑해지도록 그냥 논다. 별난 장난감이 있는 것도 아닐 거고 요즘 말하는 놀이터도 아님이 분명하다. 그냥 이곳저곳 쏘다니며 자기들끼리 논다. 어른들이 만들어 놓은 틀이 아니라 머릿속에서 생각난 그대로 논다. 정말 논다. 아이들의 놀이에는 어른들이 낄

자리가 없다. 어른들이 끼고 싶다면 아이가 되어야 한다. 아이들의 호기심과 모험심으로 돌아가야 한다.

적어도 우리는 학교 공부가 끝나고 저녁 먹을 때까지는 늘 놀았다. 숙제는 하고 놀아야 한다는 선생님과 부모님 이야기는 날마다 듣는 잔소리일 뿐이었다. 기고, 뛰고, 소리쳤다. 무릎을 깨고, 손등이 트고, 손톱 밑이 새까맣게 되도록 놀았다. 철 따라 연과 팽이, 썰매를 만들었다. 공 하나만 있으면 모두가 즐거웠다. 맨바닥에 오징어, 돼지 창자, 잠자리를 그려 놓고 깨금발을 뛰며 땀을 흘렸다. '아이들은 놀기 위해 이 세상에 온다'는 말이 있는 것처럼, 빛나는 시절을 우리 아이들에게 돌려줘야 한다.

아이들의 놀이를 어른의 잣대로 평가하는 것은 큰 실수다. 아무것도 하지 않고 멍하게 앉아 있는 것도 놀이가 될 수 있다. 운동장을 쏘다니며 작은 벌레들을 만나는 것도, 도서관에 엎드려 책을 읽는 것도, 하얀 도화지에 색연필로 무언가를 그리는 것도 놀이다. 놀이의 주인은 아이들이다. 그래서 아이가 논다고 생각한다면 그것은 어떤 것이라도 놀이가 될 수 있다.

철학자 에리히 프롬은 "만약 아이들이 병들었다면 그것은 마음껏 놀 수 없는 것에 대한 복수"라 했다. 우리는 아이들에게 무엇을 줄 수 있을까. 아이들에게 가장 필요한 것은 무엇일까. 우리 아이들이 더욱 행복할 수 있도록, 아이들이 사랑받고 있다고 느낄 수 있도록 함께 노력하자. 아이들은 마음껏 놀 때 자신이 사랑받고 있다고 느낀다. 아이들을 놀게 하자.

2017. 9. 28.

"너, 왜 우니?"

 한 아이가 울고 있다. 누군가 다가가 "너, 왜 우니?" 하고 다정하게 물어보는 세상이면 얼마나 좋을까? 그 울음이 작게는 넘어져서, 또 다르게는 배가 고파서, 아니면 죽음을 앞둔 한스러운 것일 수도 있다. 그냥 지레짐작으로 '뭐 그까짓 걸로 울어' 한다면 너무 삭막한 세상이 아닌가.
 '팥죽 할머니와 호랑이'라는 옛이야기가 있다. 이야기에는 "할멈 할멈 왜 울우?" 하고 묻는 말이 되풀이해서 나온다. 나는 이 말에 가슴이 울렁인다. 세상이 아무리 변하고 더욱 살벌해진다 해도 작고 보잘것없는 것들이 할머니한테 보여 주었던 작은 관심이 세상을 살 만하게 만드는 것이다. 아이들을 믿어야 한다. 아이들이 희망이다.

회관문 (고현우, 열 살)
아침에 밖에 나가 보니
회관문이 깨져 있다.
우리들은 바람이 깼다 생각하고
어른들은 우리가 깼다 생각한다.

2017. 10. 13.

공부란?

내가 알고 있는 것과
다른 이가 전해 주는 것이 다를 때
늘 나를 먼저 의심하고
처음부터 다시 따져 보는 것

그래서 인류는
진화론을 믿게 되고
땅이 둥글다는 것과
지구가 태양을 돈다는 것을 알게 됐다.

새로운 지식을 만났다고
자기 생각을 버리지 말되
늘 의심하고 다시 따져 보자.

2017. 9. 15.

"너, 우리 학교로 와!"

아이들이 직접 나섰다.
작은학교 희망 만들기,
아이들이 가슴속에 꽃을 피웠다.

양구군 용하중학교* 학생들이 학생 수가 줄어드는 모교를 살리기 위해 행사를 열었다. 중학교 1학년 학생들이 용하초등학교 졸업생들이 읍내 중학교로 진학하면서 학생 수가 줄어드는 문제를 해결하겠다며 초등학교 6학년 학생 일곱 명을 초청해 학교 홍보, 가족과 선배 얼굴 찾기, 마을 선생님 특강, 작은 체육대회 같은 졸업생과 마을 주민이 함께하는 자리를 마련했다.

"너 졸업하고 우리 학교로 와!"

6년을 같이 다니던 친구들이 중학교에 가면서 헤어진다. 누구누구는 읍내 중학교로 떠나고, 몇몇은 집과 가까운 중학교에 남는다. 하지만 학교 공부가 없는 휴일이나 방학이면 초등학교 운동장에 모여 초등학교 후배들과 어울려 논다. 그러다 학교 이야기를 나누고 읍내나 여기나 별반 다를 게 없다고 서로 이야기했겠지. 무엇을 하든 늘 '한 사람'이 부족한 마음 숨기지 않고 사람을 부르는 목소리가 따뜻하다.

2017. 10. 31.

* 지난 1982년 개교한 용하중학교는 지난해까지 전체 졸업생이 1천293명이었으나, 해마다 학생 수가 줄어 올해 신입생은 9명이었다. 전교생은 모두 22명이다.

바닷가에 서고 싶은 날

새벽,
집을 나서는데
동쪽 하늘이 심상치 않다.
시뻘겋게 물들고 있다.
운전하는 눈길
자꾸 거울에 머문다.

차를 돌려
해와 마주하고 싶은
아침이다.

7년 가까이 춘천에서 일하면서 나의 일주일은 월요일 출근, 금요일 퇴근이다. 월요일 아침 6시에 집을 나서고, 금요일 저녁 6시에 동해시로 차를 몬다. 그리고 토요일과 일요일이다. 주말은 월요일부터 금요일까지의 생활과는 전혀 다른 삶이자 휴식이다. 되도록 잊으려 한다. 생각을 버리는 데는 반복되는 일을 하며 땀을 흘리는 게 최고다. 밀짚모자 하나 쓰면 뙤약볕에서도 마음이 편하다. 마음 편한 술자리와 쓸데없는 이야기가 소중한 시간이다.

2017. 11. 13.

수능 연기, 기록을 남긴다

15일.

오후 2시 30분. 기상청 긴급재난문자(14:20 경북 포항시 북구 북쪽 6킬로미터 지역 규모 5.5 지진 발생, 여진 등 안전에 주의 바랍니다)가 오고, 거의 동시에 진동을 느꼈다. 그때 마침 기자가 찾아와서 이야기를 나누는 중이라 심한 진동은 몰랐다. 그런데 약간의 멀미 같은 불쾌감이 계속 이어졌다. 내일이 수학능력 시험일이다. 준비 상황을 점검하고 언론 대응을 하는 터라, 수능 연기는 꿈에도 생각하지 못했다. 더구나 교육국 행정사무감사가 이어지고 있어 도의회 상황도 모니터링했다. 그러면서 오늘 교육국 감사는 일정 조정을 했으면 좋겠다는 생각이 들었다. 그리고 퇴근 시간, 저녁 약속이 있어 자리를 옮겨 이야기를 주고받는데,

"수능이 연기됐다고 문자가 왔어요."

맞은편에 앉은 장학사님이 말했다.

"에이, 그럴 리가 없지."

전화기를 꺼냈는데, 바로 수능 연기 기사가 떠 있다. 이어진 상황.

—8시 20분 부총리 수능 연기 발표, 23분 〈강원일보〉 기자 전화, 27분 교육과정 과장과 통화(긴급 대책회의

한다), 28분 〈강원일보〉 기자와 통화(교육부와 소통을 열어 놓고 대책을 준비하고 있다), 31분 교육과정 과장과 통화(도의회 행정감사 중인 국장님께 보고했다), 32분 대변인실 카톡방 상황 공유 시작, 43분 〈강원도민일보〉 기자와 통화(교육부와 소통을 열어 놓고 있다. 간부 회의 소집했다), 52분 비서실장과 통화, 53분 교육감과 통화, 55분 교육과정 과장과 통화(교육감, 국장과 통화했다), 59분 〈경향신문〉 기자와 통화(간부 회의 소집했다. 긴급 상황 공유하겠다).

─9시 2분 〈강원도민일보〉 기자와 통화(국장 주재 회의 시작했다), 18분 대입수능 연기에 따른 1차 안내(휴업 예정인 학교는 휴업, 휴업 계획이 없는 학교는 정상 운영, 고3 수험생은 가정에서) 전파 아이엠스쿨, 페이스북, 문자, 홈페이지, 방송 자막, 27분 교육감 주재 대책회의로 전환(가동 가능한 모든 방법으로 상황 전파 지시), 38분 〈강원도민일보〉 기자 통화(교육감 주재 대책 회의 진행 중이다), 57분 〈강원일보〉 기자 통화(긴급 회의 진행 중이다. 상황은 보내 드린 내용과 같다. 회의 사진 다시 보내겠다).

─10시 2분 G1(강원민방) 자막 방송 송출 확인.

─11시 6분 MBC 자막 방송 송출 확인, 20분 학부모

50,000명에게 문자 발송, 22분 KBS 자막 방송 송출 확인.

―12시 4분 대변인실 문자(다들 수고했어요. 오늘? 봐요).

2017. 11. 16.

이렇게 말해야 한다

포항 지진으로 핵발전소에 대한 걱정이 높아지고 있다.

그런데, "원전은 진도 7이상에도 견딜 수 있도록 설계되었다"라고 말하는 사람들이 있다. 그렇다면 원전은 아무리 센 지진도 이겨 낼 수 있다는 뜻이 된다. 그런 핵발전소는 있을 수 없다. 이제부터 책임 있는 사람이라면 "우리나라 핵발전소는 진도 7이하, 또는 7.1미만에서 안전하다" 이렇게 말하길 바란다.

그것이 '양심'이고 '산수'다.

2017. 11. 17.

선택 알고리즘

장면 1

아이들이 모여 놀이를 하면서 가위바위보를 한다. 가만 보면 아이들은 가위, 바위, 보 세 가지를 선택할 수 있지만, 습관적으로 한 가지를 먼저 낸다. 친구의 습관을 간파한 아이는 계속 이긴다. '선택'이라기보다는 '습관'이다.

장면 2

아이 아빠가 '청소'를 하라고 한다. 아이는 싫다고 대답한다. 다시 묻는다. '청소와 설거지' 가운데 하나를 고르라고. 아이는 '청소'를 선택한다. 제3의 선택지가 없는 것도 선택일까.

'여럿 가운데 하나를 골라 뽑는 것'을 '선택'이라고 한다. 그렇다면 여럿 가운데 뽑고 싶은 것이 있어야 공정하다. 없다면 선택하는 사람이 새로운 길을 갈 수 있도록 허용해야 하겠지. 그리고 또 하나, 어떤 습관에 끌려 최선이 아닌 것을 뽑고 있는 것은 아닌지 돌아봐야 한다. 어떤 것을 선택하고 나서 금방 후회한다면 습관적 선택일 가능성이 크다.

가위바위보에서 계속 지는 아이가 자신의 습관을 깨

닫고는 손등에 주름을 잡아 가며 무엇을 낼 것인지 생각한다. 그 정도 지혜는 우리도 있지 않은가.

2017. 11. 28.

학교는 재미난 놀이터

오늘 〈한겨레〉 신문 23면 '김 피디의 통째로 육아' 꼭지에 이런 글이 나온다.

"저는 아이에게 세상이 얼마나 무서운 곳인지 겁을 줄 생각이 없어요. 세상은 재미난 놀이터라는 걸 가르쳐 주고 싶습니다."

'세상'을 '학교'로 바꿔 본다.
"저는 아이에게 학교가 얼마나 무서운 곳인지 겁을 줄 생각이 없어요. 학교는 재미난 놀이터라는 걸 가르쳐 주고 싶습니다."

벌써 17년 전, 삼척초등학교에서 1학년 담임을 했다. 그때 부모님들께 부탁한 것이 있었다.
"아이들이 학교를 즐겁고 재미난 곳으로 생각할 수 있게 도와주세요. 아이가 어떤 잘못을 했을 때 '선생님한테 일러 준다. 혼내 주라고 한다' 이런 말은 하지 말아 주세요. 교사는 아이를 혼내는 사람이 아닙니다."

월요일 있었던 학부모 간담회에서 한 어머니가 걱정스럽게 말씀하셨다.

"선생님께 우리 아이에 대해 여쭤보면 '잘한다. 걱정 말아라' 하셔요. 내가 보기에는 부족한 것이 많고 공부 시간에 집중하는 것 같지도 않은데, 그냥 잘한다 잘한다 하시니까 신뢰가 안 가요. 좀 더 꼼꼼하게 챙겨 주시면 좋겠어요" 하시길래

"아이가 학교 다니는 거 재미있어하지요. 그러면 됩니다. 1학년 때는 아이가 학교를 즐겁고 행복한 곳으로 생각할 수 있도록 해 줘야 합니다. 아이가 학교를 지겹게 생각하지 않는 것만으로 충분합니다."

말씀드리면서 1학년 담임이었을 때 겪었던 이야기를 했다.

2017. 12. 6.

한 아이를 만났다

 아이는 학교 가는 길이다. 아이는 근처 아파트에서 살 것으로 짐작한다. 아파트에서 학교까지는 1킬로미터 남짓. 지금 여기서 학교까지는 200미터쯤 남았다. 장갑을 낀 아이는 무언가 하고 있다. 밤새 내린 '눈'과 이야기를 나눈다. 차량 방지 시설에 쌓인 눈을 뭉치기도 하고 쓸어 내기도 한다. 지금은 8시 30분. 집에서 나온 시간은 8시쯤 되지 싶다. 800미터를 걸어왔고 200미터를 더 가야 하지만, 아이의 등굣길은 재미난 것으로 가득하다. 아마 9시가 다 되어야 교실에 들어설 것이다.

 한참을 차에 앉아 아이를 봤다. 계속 뭐라고 혼잣말을 한다. 괴물과 이야기를 나누고 있을지도 모른다. 그림책 한 장면을 떠올리고 있거나, 눈이 내려온 우주 속으로 여행하고 있을지도.

 아, 아이의 머릿속이 궁금해 죽겠다!
 무슨 말이라도 건네 보고 싶다.
 아이들과 함께 사는 선생님들이 대신 물어 주세요.
 "너 무슨 생각 하고 있어?"
 "재미있는 생각 하는 것 같은데, 나한테도 들려주라."

2017. 12. 20.

**'아이'가 울고 있는 게 아니라
'동철이'가 울고 있는 것이다**

아이들을 가르치는 세 가지 방법
첫 번째, 한번 설명하고 알 때까지 기다린다.
두 번째, 알 때까지 설명한다.
세 번째, 알 만할 때 설명한다.
기다림과 열정, 그리고 지혜 사이에서
오늘은 어디쯤?
내 곁에 있는 '동철이'에겐 무엇이 필요할까.

약속

새해가 떠올라도 삶의 대부분은 반복된다.
하지만, 반복은
똑같은 되풀이가 아니어야 한다.

지난해 썼던 글을 또 쓰면
자기 표절이다.

강원도교육청의 정책을 담을
새로운 낱말을 찾아
오늘도 헤매고 있다.

지난해 추진했던 계획서를
올해 그대로 날짜만 바꿔서 하면
그래 좋다. 올해까지만.

그렇게 10년이 간다.

그래서 10년 전에 했던 이해 못 할 관행이
지금도 반복되고 있는 것은 아닌지

부탁하건대,

하고 싶은 걸 하자.

지난 장부를 뒤척이는 건
시간 날 때, 일 없을 때
그때 하자.

창의성을 발휘해 보자.
혼자가 아니니까

바람이 없으면
내가 앞으로 뛰어야 한다.
변화는 그렇게 시작된다.

2018. 1. 2.

우리 집 아이는 공부를 안 한다?

우리나라 학생들 학습 시간이 많다는 것은 모두가 인정하는 사실이다. 그런데 왜 다수의 부모는 우리 집 아이가 공부를 안 한다고 생각할까.

'대한민국 학생들은 공부를 많이 하는데, 우리 아이는 공부를 안 한다.'
논리적 모순이며 어른들이 가진 무의식이다. 상위 11%(2등급)에 못 들면 공부 못한다고 한다. 근거가 되는가(하기야, 1등 아니면 모두 꼴찌라고 주장하는 사람도 만난 적이 있지만). 아무리 공부를 많이 시켜도 1등급은 4%, 2등급은 상위 11%에 들어야 한다. 그 숫자는 정해져 있다.

'모두가 배움을 즐기는 세상'은 만들 수 있지만, 학생들을 한 줄로 줄을 세워 9등급으로 나누는 평가에서 모두가 1등급일 수는 없다.
대한민국 학생들 너무 많은 학습에 시달리고 있다. 그 짐을 덜어 주는 것이 어른들이 할 일이다. 인정할 건 인정하자. 제발 새해에는 시험 점수로 학생을, 학교를, 줄 세우고 세상에 공개해 상처를 주는 일은 하지 말자.

2018. 1. 4.

어린이 놀이헌장 *

놀 친구가 있는 곳
놀 터가 있는 곳

그곳은 학교다.

이제, 놀 시간만 주면 된다.

"사고 나면 누가 책임질 거야."
이런 말 하지 말자.
"학교에 너무 오래 붙잡아 두는 거 아니냐."
이런 말도 하지 말자.

선생님, 더 놀면 안 돼요?
엄마, 오늘 하루만 학원 안 가고 놀면 안 돼요?

아이들의 흔들리는 눈빛만 기억하자!

2018. 1. 6.

* 2014년 어린이날 즈음, 민병희 강원도 교육감이 제안했던 '어린이 놀이헌장'을 1년여의 논의 끝에 전국시도교육감협의회 이름으로 2015년 5월 5일 선포했

다. 그대로 옮겨 본다.

어린이 놀이헌장

> 모든 어린이는 놀면서 자라고 꿈꿀 때 행복하다. 가정, 학교, 지역사회는 어린이의 놀 권리를 존중해야 하며, 어린이에게 놀 터와 놀 시간을 충분히 제공해 주어야 한다.
> ❖ 어린이에게는 놀 권리가 있다.
> ❖ 어린이는 차별 없이 놀이 지원을 받아야 한다.
> ❖ 어린이는 놀 터와 놀 시간을 누려야 한다.
> ❖ 어린이는 다양한 놀이를 경험해야 한다.
> ❖ 가정, 학교, 지역사회는 놀이에 대한 가치를 존중해야 한다.

누가 노는가?

유치원에서는 하루에 한 시간 바깥 활동을 하도록 하고 있다. 놀이중심 교육과정이라는 말도 참 좋다. 마음 좋은 교사가 한 시간 내내 아이들과 놀이 활동을 하고 아이들한테 칭찬받고 싶어서 이야기를 건넸다.

교사┆얘들아, 잘 놀았지. 이제 교실에 들어가자.
아이┆선생님, 이제 우리 놀아도 돼요?

유치원에서 정말 있었던 이야기다. 놀이의 주도성은 노는 이에게 있어야 한다. 어른(교사)이 주도하는 놀이는 아이들한테 놀이가 아닌 게 분명하다.

2018. 1. 8.

놀이는 '자유'다

어른들에게 물었다.
"놀이 하면 무엇이 떠오르나요?"
"재미요."

아이들에게 물었다.
"놀이 하면 무엇이 떠오르나요?"
"자유요."

'놀아라' 하고 말하는 것을 아이들 그 누구도 명령으로 받아들이지 않는다. 아이들은 그 순간 자유를 떠올린다고 한다. 자기가 하고 싶은 걸 할 수 있는 시간으로 생각한다는 뜻이다.

하지만 '놀이 선생님'이 따로 있어서 운동장, 놀이터, 또는 어디로 아이들을 데리고 가 '이거 하자', '저거 하자', '재밌지?' 한다면 그건 자유가 아니다. 자유가 아니라서 놀이가 아닌 거다.

2018. 1. 9.

놀이는 적당히 위험하다

'저렇게 꼭 난간 위를 걸어야 할까.'

20년을 초등학교에서 교사를 하면서, 그리고 두 아이를 키우면서 들었던 생각이다.

'나는?' 내가 초등학교 다닐 때는 훨씬 위험한 놀이를 했다. 지금 생각해도 아찔하다. 쓰레기 매립장에서 병 깨기(식초병이 가장 튼튼했다), 야산에서 전쟁놀이(친구 이마를 화살로 맞춰 식은땀이 흘렀다), 화약총, 딱총, 새총 놀이(나중에는 우산대 앞에 양초를 다지고, 화약을 재워 쏘기도 했다), 날이 풀릴 때 했던 얼음 배 타기(얼음이 깨지면서 물에 빠졌는데 다행히 물 깊이가 가슴을 넘지 않았다), 자치기(상대편이 치는 '메뚜기'를 잡겠다고 하다가 눈알 빠질 뻔했다).

놀이 전문가들은 한결같이 말한다. '안전하고 깨끗한 놀이터에는 아이들이 가지 않는다. 놀이는 적당히 위험한 것일 수밖에 없다.' 놀이터에서 적당한 위험을 겪는 아이들한테 자기 방어력(균형력, 지구력, 조정력, 순발력)이 생긴다. 다칠까 봐 적당히 위험한 놀이(매달리기, 뛰기, 잡아채기, 밀기…)와 체육 활동(철봉, 평행봉, 뜀틀, 매트 운동)을 안 하면 정말 안전해질까.

우리 아이가 유치원에 다닐 때 생일 선물로 '철봉'을 사 달라고 했다. 매달리는 것이 얼마나 좋았으면 그랬을까.

2018. 1. 10.

재미없었던 적은 한 번도 없었어

"놀이가 재미없었던 적은 한 번도 없었어."

놀이헌장을 만들기 위해 전국의 아이들이 한자리에 모여서 토론을 했을 때 앞머리가 가지런한 아이가 했던 말이다. 놀이는 그 자체로 수단이고 목표라서 시간 가는 줄 모르고 빠져든다.

해가 뉘엿뉘엿 지고 '밥 먹으라'는 어른들 지청구에 동무들이 하나둘 집으로 돌아가면, 더 놀지 못하게 된 아쉬움에 쩝쩝 입맛을 다시며 터덜터덜 집으로 돌아가 본 사람은 알 것이다.

쉬는 시간 10분 동안 공을 차겠다고 선생님이 교실을 나서자마자 운동장에 나갔다가 수업 시작 종소리에 단숨에 계단을 뛰어올라 본 사람은 알 것이다. "놀이가 재미없었던 적은 한 번도 없었다"는 아이의 마음을.

'아, 어디선가 가쁜 숨소리가 들리고 시큼 텁텁한 땀 냄새가 훅- 끼치는 것 같다.'

2018. 1. 11.

놀이, 그 자체의 가치

사실, 놀이는 가장 오래된 문화의 원형이다. 후쿠시마 핵발전소 사고나 테러와 전쟁이 일어나 모두가 시름에 빠져 있을 때도 아이들은 공터에 모여 놀이를 하면서 희망을 만들어 갔다. 어른들의 삶을 돌아봐도 마찬가지다. 놀이 없는 생활은 삶이 아니라 무기력 혹은 죽음이다.

〔사례1, 친구(51)〕 나이 40 중반에 목공을 배우더니 집에 작업장까지 차려 놓고 틈만 나면 무언가를 뚝딱거린다. 이것저것 몇 가지 잘 얻어 쓰고 있다.

〔사례2, 친구(51)〕 50이 넘어 테니스를 배우겠다고 주말만 되면 코트에 나간다. 만나기만 하면 무릎이 아프네, 손목이 아프네 하더니 교직원 테니스 대회까지 나갔다.

〔사례3, 어머니(77)〕 동네 회관에만 가면 아픈 곳이 없어지고, 목소리가 커지고 실없는 농담이 쏟아진다. 할머니들과 약속이 있으면 손자들과 점심 드시러 가자고 해도 이런저런 핑계를 대고 우리들끼리 가라고 한다.

40대 어른한테 아는 놀이를 써 보라고 하면 금방 서른 가지를 넘게 쓴다. 그런데 지금 우리 아이들은 시간을 충분히 주어도 열 개를 넘지 못한다. 아이들을 가장 잘 안다고 자신하는 이 땅의 교사라면, 부모라면, 더 머뭇거리지 말고 아이들에게 놀이를 돌려주자.

2014년 여덟 달 동안 놀이의 가치와 본질을 찾아다녔던 EBS 〈놀이의 반란〉 제작팀의 결론을 덧붙인다. 강원도교육청이 준비하는 '놀이밥 100분'* 정책에 모두가 알고 있지만 외면했던 놀이의 진실이 담기길 기도한다.

> 제작진이 깨달은 것은 아이의 인지능력, 사회성, 창의력이 완성되는 곳은 학원이 아니라 또래 친구들과 건강하게 뛰어노는 놀이터라는 사실이다. (EBS 〈놀이의 반란〉 제작팀, 2014)

2018. 1. 12.

* 놀이밥 100분 정책은 '놀이밥 공감학교'라는 이름으로 운영하고 있으며 아이들에게 놀 시간을 확보해 주자는 뜻으로 만든 것이다. 학교에서 신청하면 도교육청에서 다양한 지원을 한다.

어른들은 빠져 주세요

무슨
우리를 바보로 아시나
놀이 시간 달라는데

다치면 어쩌나
싸우면 어쩌나
믿을 수 없답니다.

자기들은
더 재밌게
놀았으면서.

으이구,
무릎 까지면서
살짝 싸우면서
우리끼리 잘 논다니까요.

어른들은
빠져 주세요.
우리가 찾을 때까지.

2018. 1. 23.

미래는 예측 가능하다

우리는 막연히 앞날을 예측할 수 없다는 무의식에 사로잡혀 있다. 하지만, 우리 삶을 가만히 들여다보면 내일, 다음 달, 내년 어떤 일이 일어날지 어렴풋이 짐작하고 있다. 물론 충분한 데이터만 있다면 더 정확하게 예측할 수 있을 거다.

내일, 자기 주변에서 어떤 일이 일어날지 우리는 90% 이상을 알고 있다. 데이터가 더 많다면 그 이상도 알 수 있다고 본다. 그런데도 우리는 미처 예상치 못했던 몇 %를 가지고 미래를 알 수 없다고 말하는 것은 아닌지 생각해 본다.

대변인을 하면서 앞으로 어떤 일이 벌어질지 예측했는데, 정말 그렇게 되는 경험을 많이 한다. 정책을 발표할 때도 마찬가지다. 어떤 반응이 일어날지 예상하지 못했다면 그만큼 각종 데이터를 쌓아 두지 못했거나 여러 신호에 민감하지 못했기 때문이 아닐까 돌아본다. 다수의 시민을 탓하기보다 자신을 돌아보는 것이 옳다.

2018. 1. 16.

바쁘다?

"바쁘시죠?"
"아니, 안 바쁜데요."

조금 전에도 〈강원일보〉 기자가 사무실에 들러서 "뭐가 그렇게 바쁘세요?" 하고 갔다. 도교육청을 오가다 만나는 사람들, 그리고 전화를 걸어온 동료들 첫말은 '바쁘시죠?'다. 인사말이 돼 버렸다. 어떨 때는 '바쁘다'는 말 때문에 바쁜 것이 아닌가 싶기도 하고 '바빠야 한다는 강박이 있는 건 아닐까' 의심도 든다. 그래서 난 요즘 '바쁘지 않다'고 더 강조해 말하고 있다.

얼마 전, 잘 아는 후배 선생님과 찻집에서 만났다.
"바빠요. 학교는 왜 늘 이렇게 바쁜지 모르겠어요."
"올해, 몇 학년 맡았는데 그렇게 바빠요?"
"3학년요. 우리 학교가 8시 30분에 출근하잖아요. 4시 30분에 퇴근하려다 보니 정신이 하나도 없어요"
"그렇겠네요. 아이들 수업이 2시 넘어야 끝나잖아요. 아이들 보내고 뒷정리하고 맡은 업무 한 시간 정도 하면 퇴근해야 하니까. 그런데 바쁘다고 하면서 4시 30분에 퇴근한다고 하면 '퇴근하고 쉬면 되겠네' 할 겁니다. 하하!"

도교육청 파견 와서 내가 맡은 분야가 '교원업무경감' TF팀이었다. 교육부에서 파견 온 사무관이 팀장이었고, 우리 과제는 앞으로 4년 동안 추진할 '교원잡무제로화'를 위한 보고서를 만드는 것이었다. 6개월 동안 다양한 사례와 가능성을 분석하고 내린 결론은 '예산과 인력' 투입. 교사들을 공문에서 해방시켜 주자는 것이었다. 학교마다 '교무행정사 두 명 배치', '교감을 팀장으로 하는 교무업무팀 구성' 들을 골자로 하는 안이 그렇게 탄생했다.

그런데 학교는 여전히 바쁘다. 아니, 바쁜 학교 바쁜 교사만 바쁘다. 선생님들 연수에 강의를 가서 물어보면 학교마다 교사마다 업무 부담에 대한 격차가 크다.

"우리 학교는 담임들 업무 거의 없어요."

"공문을 행정사들이 95% 한다고 하지만, 그 자료는 결국 교사들이 제공해야 합니다."

"오히려, 행정사들이 이거 해라 저거 해라 상전 노릇한다니까요."

"교무행정사 생기고 나서, 선생 할 만해요."

"이제 도교육청에서 더는 할 수 있는 일이 없을 수도 있어요."

인제군 어느 선생님이 학교 업무 정상화를 이야기하면서 페이스북에 올린 글에 눈이 꽂혔다. 맞다. 도교육청에서 할 수 있는 큰 정책적 뒷받침은 다한 것이 아닌가 싶다. 이젠 교직원의 몫이 아닐까. 우리 안에 있는 관례적 업무 추진 방식을 바꿔야 한다. 하지 않아도 될 일, 정규 교과 수업에 포함하면 될 일, 그냥 찍쇠로 꾹 찍어 두면 될 일, 문자 메시지로 해도 될 일, 말로 해도 될 일은 그렇게 하자. 관성으로 습관처럼 하고 있는 일들을 다시 살펴보자.

2018. 1. 17.

'학생중심'이라는 말

처음 교육학을 만났을 때부터 들었던 말이다. 한동안은 아이들이 즐거워하는 수업 방법, 예를 들면 활동과 토론, 실습을 많이 하면 학생중심 수업이라고 믿고 있었다. 그런데 이상하게도 아이들은 아무리 재미있는 방법으로 수업을 하더라도 금방 흥미를 잃었다. 그런데 어떤 날은 칠판에 서서 혼자 떠들어도 아주 재미있게 수업에 빠져드는 것을 보기도 했다.

학생중심이라는 말에 대해 요즘은 이게 어떤 수업의 방법이 아니라 '아이들이 배우고 싶어 하는 것', '호기심'에서 출발해야 한다는 생각을 한다. 아이들이 알고 싶어 하는 것, 재미있어하는 것, 궁금해하는 것에서 공부를 시작해야 학생중심 수업이다. 교사가, 어른이 가르치고 싶은 것을 가르치는 것은 어떤 화려한 방법을 동원해도 결국은 학생중심 수업이 될 수 없다.

그렇다면, "그럼 교육과정은 뭐야?" 이런 어려운 질문이 나올 수밖에 없다. 아는 사람은 알겠지만, 지금 우리 교육과정은 '성취수준(0과 100까지의 수 개념을 이해하고, 수를 세고 읽고 쓸 수 있다. 초등학교 1, 2학년 수와 연산 영역)'으로 되어 있다. 다시 말해 2학년 끝날 때까지 100까지의 수를 이해하고 세고, 읽고, 쓸 수 있으면 된다는 얘기다.

1학년 담임을 했던 경험으로 상상해 본다.

아침에 손을 호호 불고 출근해 자리에 앉았는데, 하나가 기다렸다는 듯이 내 곁으로 오더니 다 들리게 귓속말을 한다. 자랑하고 싶은 거다

"선생님, 어제 있잖아요. 아빠가 붕어빵 사 줬다요."

"사 줬다요 아니고 사 줬어요. 얘들아, 하나가 어제 붕어빵 먹었다는데."

"저도 먹었어요. 저도요."

"그래, 가은이는 몇 개 먹었어?"

"응, 이렇게요."

"야, 가은이처럼 자기가 먹은 붕어빵만큼 손가락 펴 봐."

"문기는 왜 손가락 안 펴? 아, 붕어빵 안 먹었다고, 그럼 손가락으로 동그라미를 만들어."

"형기야, 네가 먹은 붕어빵은 어떻게 생겼어?"

"이렇게 이렇게 생겼어요."

"에이 그렇게 하면 어떻게 알아."

"우리 붕어빵이 어떻게 생겼는지 그려 볼까, 써 볼까, 흉내 내 볼까."

"그려요, 써요, 흉내 내요."

"그래, 그럼 첫째 시간에는 그리고, 둘째 시간에는 글

로 써 보고, 점심 먹고 나서는 붕어 흉내 내기 하자."

아이들 이야기에서 시작해 숫자를 세고, 글을 쓰고, 몸을 움직이는 것. 이것이 학생중심 수업이 아닐까 싶다. 모든 공부가 아이들의 호기심에서 시작할 수 있기를.

2018. 1. 18.

아이들이 두려워하는 존재

"너 그러면 선생님한테 일러 준다."

아이들이 말을 잘 듣지 않으면 부모들은 이렇게 협박 아닌 협박을 했다. 그때는 아이들의 시간을 마음대로 할 수 있는 거의 유일한 사람이 학교 선생이었다. 숙제를 많이 내서 하루 종일 책상 앞에 붙잡아 둘 수도 있고, 집에 보내지 않고 나머지 공부를 시키거나 다른 친구들 다 밖에서 놀더라도 못 놀게 하는 권한도 있었다.

그러다 언제부턴가 그 권력이 '엄마'에게 넘어갔다. 내 기억에 남아 있는 증거는 2000년에 있다. 내가 받아쓰기는 교육이 아니라는 생각을 하게 된 경험이기도 하다. 한 아이가 100점을 못 받았다고, 아는 문제를 틀렸다며 맞게 해 줘야 집에 가겠다고 고집을 피웠다. 아이는 '100점 맞지 못하면 노는 시간을 뺏긴다'는 하소연을 했다. 아마, 받아쓰기 점수로 엄마와 약속을 한 모양이다. 그때부터다. 아이들의 일정을 엄마들이 마음대로 짤 때가. 학교 공부야 모두가 하는 것이고, 나머지 공부도 사라지고, 숙제 없는 교육이 주목받으면서 학교는 하교 시간을 정확하게 지키기 시작했다.

"너, 말 안 들으면 엄마한테 말한다."

교사들이 아이의 잘못을 바로잡기 위해 엄마를 끌어

들였다. 아이가 가장 두려워하는 존재가 그렇게 바뀌어 갔다.

인간이 시간을 자기 마음대로 할 수 없다는 것은 큰 두려움이다. 어른들도 마찬가지다. 퇴근 뒤 자신의 의지와 다르게 이루어지는 직장 회식에 대한 거부감도 같은 까닭이지 싶다. 시간을 자기 생각대로 하지 못하면 그곳이 어디든지 불편하고 두려울 수밖에 없다.

아이들에게 아이들의 시간을 돌려주자. 아이들이 마음대로 할 수 있는 시간을 주자. 그리고 그 시간만큼은 개입하지 말자. 물론 아무런 말도 하지 말라는 것은 아니다. 잔소리는 하지만 그 시간의 주인이 아이 자신이라는 것을 확실하게 지켜 주면 된다.

2018. 1. 21.

학부모 연수원이 필요하다

학교에서 펼쳐지는 교육 활동에 대한 학부모들의 평가가 점점 비판적으로 바뀌고 있다. 혁신학교 운영과 같은 새로운 정책을 추진할 때는 학부모들의 조직적인 반대를 각오해야 하는 부담까지 져야 하는 상황이다. 실제로 학부모의 반대로 혁신학교 지정을 취소하기도 하고, 지필평가중심의 시험을 요구해 교육과정 운영에 곤란을 겪기도 한다.

누구나 학부모를 교육의 주체라고 말해 왔지만, 학부모 교육에 소홀했던 것이 사실이다. 특히, 첫아이를 학교에 보내는 부모들은 '아이가 학교에 잘 다닐까' 불안해하며 정보에 목말라한다. 다행스럽게 불안과 걱정을 학교 선생님을 통해 해결하면 좋겠지만, 학교의 문턱은 여전히 높게만 보인다. 할 수 없이 떠도는 소문에 기대게 되고 아이를 더욱 힘들게 하기 십상이다.

우리가 하고 싶은 공교육(공공성과 공동선)을 하려면 아이들만이 아니라 학부모들에게도 학교 교육과정을 이해할 수 있는 시간과 기회를 줘야 한다. 교육학뿐만 아니라 발달 단계에 따른 심리학과 신체 활동의 중요성, 도덕교육과 예술교육에 대한 기본적인 이해가 바탕이 되어야 학교와 가정에서의 교육이 어긋남 없이 이루어질 수 있다.

하지만 지금 우리는, 그리고 학교는 학부모 교육에 얼마나 노력하고 있을까. 개혁적인 교육정책이 힘을 잃고 표류하는 까닭이 학부모에게 이해를 구하지 않고 명분만 앞세워 혼자 가려고 하기 때문은 아닐까. 지금이라도 '학부모 연수원'을 세워 체계적인 배움을 지원해야 하지 않을까 생각해 본다.

2018. 1. 23.

시작해야 가능하다

교사를 포함한 교육 전문가들이 외국을 탐방하다가 교육 선진국의 교육제도나 환경에서 좋은 사례를 찾으면 그것이 가능했던 까닭을 분석한다. 그런데 '우리도 그렇게 해 보자' 하면 불가능하고 어려운 이유를 열거하기 시작한다.

그래서 생각해 본다. 교육 선진국들은

1 모든 조건이 갖춰진 다음에 그 제도를 시행했을까?
2 제도를 시행하면서 조건을 개선해 갔을까?
3 불가능한 조건이라고 시작하지도 않았을까?

2018. 1. 26.

쉬는 시간*

모든 교육과정에 수업 시간에 관한 규정이 있다. 초등학교 40분, 중학교 45분, 고등학교 이상 50분. 인간의 집중력이나 발달 단계를 고려한 것이리라 싶다. 그런데, 왜 쉬는 시간에 관한 규정은 없을까. 쉬는 시간은 애나 어른이나 모두가 10분. 점심시간도 애나 어른이나 60분. 궁금하지 않은가.

* 유치원은 수업과 쉬는 시간 구분 없이 교육과정 운영 시간이 60분이다. 오후 1시나 2시에 정규 과정이 끝나고 오후 방과후 과정을 진행한다.

2018. 1. 27.

아이를 개별로 대해야 한다

사람을 남자와 여자로 분류하는 기준은 언제 생겼을까? 어려운 질문이다. 그럼, 글을 시와 소설로 나누는 기준은 어떻게 만들어졌을까 생각해 보자.

기준이 먼저 만들어질 수는 없다. 다양한 글을 펼쳐 놓고 이렇게도 저렇게도 나눠 봤겠지. 그러다 어떠한 경향성을 찾아서 이런 글은 '시'라고 하고 이런 글은 '소설'로 하자고 약속하지 않았을까.

그런데 문제는 사람이나 글이 애초부터 개별로 존재한다는 사실이다. 시도 아니고 소설도 아닌, 시 같기도 하고 소설 같기도 한 글이 있는 것처럼.

그래서 한 사람을 만나 '남자' 혹은 '여자'처럼 어떤 무리로 생각해 일반적인 관점을 강조하다 보면 실수를 저지르게 된다. 그래서 '아이를 하나하나 개별로 대해야 한다'는 말은 쉬운 듯하지만 아주 무거운 말이다.

사람은 절대 겹쳐지지 않는 자기만의 자리(좌표*)를 차지하고 있다. 다시 말해, 한 사람은 수많은 정체성(성, 인종, 이념, 나이, 지역, 경험… 심지어 사주까지) 좌표의 총합이다. 그런데도 흔히, 하나의 정체성으로 사람을 대하는 경우가 있다. 조심해야 할 일이다.

'아이'가 우는 게 아니라 '동철이'가 울고 있는 것이다.

* 좌표 ¦ 점이 모이면 직선이 되고 직선을 가로와 세로로 엮으면 2차원 평면이 된다. 그곳에 선을 하나 더 하면 3차원 공간이 생긴다. 우리는 그 공간에 산다. 그런데 3차원 공간에 살면서도, 사람들은 생각이 한 점에 머물거나 직선 위를 오가기만 한다. 없는 시공간도 만들어 내는 능력을 지녔으면서 말이다.

2018. 2. 7.

적폐청산

켜켜이 쌓였던
먼지를 닦아 내니
생살이 드러난다.

고개 돌릴 게 아니다.

마주하고
같이 아파할 일이다.

그리하여
내 속도 마알가니
들여다볼 일이다.

2018. 1. 30.

인권은 공기다

인권 ¦ 불경스러웠던, 하지만 지금은 자연스러워진 단어
공기 ¦ 질소와 산소의 혼합물이며, 인간 생명 유지의 절대 조건

강원도 학교 구성원의 인권에 관한 조례*
> 제1조. 이 조례는 「대한민국헌법」, 「교육기본법」 제12조 및 제 13조, 「초·중등교육법」 제18조의 4 및 「유엔 아동의 권리에 관한 협약」에 근거하여 학생, 학부모, 교직원의 인권이 학교 교육과정에서 실현될 수 있도록 함으로써 인간으로의 존엄과 가치 및 자유와 권리의 보장을 목적으로 한다.

여성에게도 투표권을 부여해야 한다고 주장하는데 왜 반대했을까? 노예제도를 없애자고 하는데 전쟁까지 해야 할 까닭이 있었을까? 모든 사람이 쉽게 쓸 수 있는 글자를 만들자는데 왜 사생결단 반대하고 나섰을까? 우리는 지나간 역사에서 종종 이런 궁금증을 품는다.

인권 조례를 놓고 토론하기 위해 초안을 발표할 때까지도 많은 의견을 들었지만, 올 3월 최종안을 도의회에 낼 때까지 1년 가까이 학생, 교직원, 학부모, 교육 관련

단체들의 의견을 수렴하고 검토했다. 학교를 찾아다니며 조례 관련 설명회를 100차례쯤 했고 지역별 공청회를 열었다.

더구나 입법 예고 기간에 일부 종교 단체의 의견을 들어 "임신 및 육아 중인 학생, 성소수자 학생"과 관련된 문구를 삭제하고 상위법을 인용했다. 아울러, 학생이 타인의 학습권과 교권을 침해할 때 교사의 조치권과 학부모의 공동 책임 조항을 강조했다. 또한, 종교 수업에 관한 규정은 교과부의 초·중등 교육과정 고시안에 따라 학생의 선택권을 보장해야 한다는 내용으로 바꾸었다.

학생들이 바라는 것은 학교에서 공정한 대우와 존중을 받는 것이다. 교사가 가장 보람을 느끼는 것은 자신이 아이들 삶에 긍정적인 변화를 줄 때다. 학부모가 가장 행복한 것은 아이들이 학교에서 즐겁게 배우고 그것을 바탕으로 자신의 꿈을 펼쳐 가는 것이다. 인권 조례는 이러한 문제의식을 담고 있고, 우리 현실에 맞지 않는 것이 있다면 학교 현장에서 구성원들의 공감과 합의를 통해 바꾸어 갈 것을 권유하는 장치일 뿐이다.

조례안을 만들 때 교권 문제에 대해서도 관심을 할애하고 학생의 책임도 함께 다룸으로써 일부 교사들의 걱정을 덜기 위해 노력했지만, 다른 시와 도에서 벌어진 논쟁 때문에 여전히 교권 침해에 대한 의견이 가장 많았다. 교권과 학생 인권을 대립하는 것으로 생각하는 것은 교육을 훈련이라고 보고 있기 때문이 아닐까. 교육은 일정한 정보를 일방으로 아이들 머릿속에 구겨 넣는 일이 아니다. 교육이 '존중'과 '신뢰', '소통'을 전제로 해야 가능하다면, 이를 환하게 밝혀 놓은 조례를 반대할 까닭이 없다. 우리 경험으로는 존중받는 아이들이 교사도 존중한다. 그렇다면 인권을 존중받지 못하는 아이들이 교권을 부정하는 행동을 할 가능성이 더 클 수밖에 없다. 가정에서도 부모와 자녀가 서로 충분하게 이야기를 나누고 서로를 존중해 주는 관계일수록 아이들이 부모의 의견을 따르고 존중하는 것이 사실 아닌가.

강원도교육청이 내놓은 학교 인권 조례는 토론용 초안을 만들어 의회에 제출할 때까지 2년 반 동안 각계각층의 의견을 들어 마련한 것이다. 하지만 교육계에서 정년을 보낸 퇴직 교원이 중심인 도의회 교육위원회의 벽을 넘지 못했다. 교육위원회는 별다른 토론 과정도 없이 사회적 합의가 부족하다는 이유로 계류 처리했다.

사실 조례 제정에 참여했던 사람들도 도의회 통과를

자신하지 못했다. 그래서 조례 제정과 함께 학교 문화를 인간적으로 만들겠다는 생각으로 학교 규칙 개정과 인권 관련 토론회와 설명회에 힘을 쏟았다. 우리가 바라는 것은 특정 조항을 문제 삼아 찬성과 반대의 양극단으로 내달리는 것이 아니다. 서로가 얼굴을 마주 보고 학생들의 인권을 중심에 두고 이야기를 나누고 싶었고, 그 과정에서 학생 인권의 싹이 자라날 것이라 믿는다.

 인권은 공기다. 공기가 인간의 생존에 꼭 필요한 것처럼 인권도 사람이 태어나는 순간부터 숨을 거둘 때까지 함께 있어야 한다.

2013. 7.

* 2021년 아직까지 학생 인권 조례를 제정하지 못했다.

학교총량제?

이명박, 박근혜 정부 9년 동안 교육부가 지켜 오는 원칙이다. 아파트 밀집 지역에 학교를 하나 신설하려면 학교 두 개를 통폐합하라는 요구다. 교육부에 '투융자심사위원회'라는 곳이 있는데, 이곳에서 승인을 받지 못하면 학교를 새로 만드는 일은 사실상 어렵다. 집 가까운 곳에 학교를 세워 달라는 학부모들의 요청을 아이들이 줄어들고 있다는 논리만으로 뿌리칠 수는 없다.

15만 1,568명
2020년, 예상하는 강원도의 학생 수다. 2018년보다 1만 1,596명이 줄어들었고, 2016년보다 1만 8,622명이 줄어들 것으로 짐작하고 있다. 최근 5년 동안 24개 학교가 학생 수가 줄어들어 학교 구성원들의 동의 속에 통폐합되었다. 이러한 현상은 강원도만의 문제는 아니지만, 농산어촌이 많은 곳은 학생 수가 줄어들어 통폐합되는 학교가 많은 것이 현실이다. 학생이 있는 곳엔 학교가 있어야 한다. 하지만, 학생 없는 학교는 존재할 수 없다.

작은학교 희망 만들기
강원도교육청이 2010년부터 추진하고 있는 사업이

다. 교육부는 학생이 60명 이하일 때 통폐합한다고 기준을 세웠지만, 강원도는 본교 10명, 분교 5명으로 기준을 삼고 정부와 맞서 왔다. 아울러, 1면 1교 원칙과 통학 거리가 멀어질 경우 통폐합 대상에서 제외하고 있다. 또한 강원교육희망재단, 마을교육공동체, 에듀버스 사업을 통해 작은학교의 중장기적인 발전을 지원할 수 있는 체계를 갖추고 있다.

최근 학교를 통폐합한다는 조건으로 춘천 퇴계지구에 새 학교가 세워진다는 소식에 논란이 일고 있다. 도교육청이 교육부에서 제시한 통폐합 조건을 받아들인 것을 두고 그동안 작은학교 살리기 사업을 해 온 도교육청의 진정성이 의심된다는 주장이다. 학생이 줄어들어 해마다 대여섯 개의 학교가 문을 닫고 있는 현실을 알면서도 교육부의 조건을 거부해야 하는지 되묻고 싶다. 도교육청이 작은학교의 희망을 만들기 위해 그동안 노력해 온 것을 인정해 달라는 것은 아니다. 하지만 비판의 지점은 도교육청이 아니라 작은학교를 효율성의 관점으로 보고 있는 교육부와 기획재정부에 있다는 것을 명확하게 해 주었으면 좋겠다.

우리는 모른다. 내 이름이 하루에도 수차례 불리면서 자라는 게 어떤 건지. 초등학생과 중학생이 한데 어울려 수업을 듣는 게 어떤 건지. 그렇게 여유를 부리면서 자라는 게 과연 좋은 것인지. 죽어라 내달리기만 하라고 윽박지르는 세상에서는 그게 어떤 건지 모른다. 안타깝게도. 〈경향신문〉(7. 21.)

동화 작가 김해원은 신문 칼럼에서 이 한마디로 작은학교의 아름다움을 말하고 있다. 우리의 관심을 학생 1,000명이 넘는 학교를 어떻게 작은학교로 나눌 수 있을까 하는 것으로 돌려 보면 어떨까.

2017. 5. 2.

우리 동네 우리 학교

 1992년 3월 초임 교사 발령장을 받고 간 곳은 강원도 양구군 죽리초등학교다. 춘천 소양댐에서 쾌속선을 타고 가면 30분 거리에 선착장이 있고, 그곳에서 버스를 타고 10분쯤 가면 학교가 나온다. 여섯 학급에 병설유치원이 있는 작은학교였다. 가까운 웅진리와 수인리에 분교 두 곳이 딸려 있었는데, 학교통폐합 정책에 따라 분교 아이들이 6학년이 되면 버스를 타고 본교에 가기 시작하면서 내가 죽리초를 떠날 즈음에는 두 분교가 문을 닫고 말았다.

 그때만 해도 가정방문을 하던 시절이라 아이들을 앞세우고 마을 구석구석을 찾아다니기도 했다. 골짜기마다 그곳 산천을 닮은 마을과 사람들이 있었고 그 아이들이 아침이면 학교로 모여들었다. 자연스럽게 학교는 마을 공동체의 중심이 되었고, 마음의 고향 노릇을 했다.

 발령 첫해에는 관사에서 자취를 하다가 혼자 밥해 먹는 것도 그렇고 같은 관사에 사는 선배 교사들의 음주 문화에 적응하기 어려워 이듬해부터는 학교 가까운 집에서 하숙을 했다. 나도 그렇게 마을 사람들과 섞이면서 낯을 익혔고 마을 사람이 되어 갔다.

죽리초에서 3년을 보내고 삼척시 장호초등학교로 옮겼다. 강원도 최북단에서 가장 남쪽 마을로 옮긴 셈이다. 장호초는 바닷가 마을에 있는 학교다. 이곳도 여섯 학급이었다. 부모님들 대부분이 바다에 기대어 살고 있었고, 아침 교실에 들어가면 물큰한 바다 냄새가 났던 기억이 생생하다. 바다와 맞닿아 있는 산굽이를 돌 때마다 작은 어촌과 학교가 있다. 삼척 시내를 벗어나자마자 맹방, 근덕, 마읍, 궁촌, 장호, 신남, 임원, 호산을 지나면 경상북도 울진으로 이어진다. 마을마다 초등학교가 있었고 운동회나 졸업식이 있으면 마을 사람 모두 함께 어울렸다. 바다 날씨가 좋으면 바다로, 새순 돋고 꽃 피면 산으로 아이들을 데리고 다녔다.

그러고 보니, 그동안 여섯 학교에서 일했고 네 곳이 백 명이 안 되는 작은학교였다. 3년을 보냈던 삼척시 고천분교는 지금 문을 닫았고, 장호초는 백 명이 넘었던 학생 수가 크게 줄어 스물 남짓이다. 죽리초나 망상초처럼 시군의 중심지와 가까운 곳은 그나마 학생이 줄어드는 폭이 크지 않지만, 장호초처럼 통폐합의 위기에 있는 학교가 강원도만 해도 전체의 40% 가까이 된다.

학부모들이 부러워하는 교육 선진국의 학급당 학생수는 보통 20명 안팎이다. 그런데도 학부모들은 여전히 큰 학교를 선호한다. 이런 다수 학부모들의 인식을 등에 업고 정부는 적정규모의 학교를 키우겠다는 명분을 내세워 재정과 교원 정원 감축을 무기로 소규모 학교를 통폐합하겠다고 압박하고 있다. 이에 맞서 교육감들은 지역사회, 학교 구성원들과 함께 작은학교를 지키기 위해 여러 가지 정책을 펴고 있지만 정부의 정책 변화는 기대하기 어려운 상황이다.

이런 상황을 바꾸고자 하는 새로운 바람이 전국에서 불고 있다. 혁신학교 운동과 함께 주목받고 있는 학교협동조합의 가능성이 열리면서 지역공동체 복원을 목적으로 하는 '마을교육공동체' 운동이 시작되고 있다. 이러한 움직임은 대도시가 아니라 지금 내가 사는 이곳이 우리의 삶터이며, 훗날 우리 아이들도 이곳에서 살게 될 것이라는 인식이 생겨나고 있다는 반증이며, 학교가 지역의 중심 구실을 되찾는 중요한 전환점이 될 것으로 보인다.

농촌 학교는 도시 학교와 아주 다르다. 오늘날 농촌 학교는 특수한 사명을 짊어지고 있다. 즉 농촌 학교는 일정한 조건 아래서 농촌의 유일한 문화의 원천이 되고 있으며 농촌의 모든 지적 생활, 문화생활과 정신생

활에 커다란 영향을 미치고 있다. (수호믈린스키,《선생님들께 드리는 100가지 제안》)

수호믈린스키의 말을 빌리지 않더라도 농촌 마을에서 지역공동체의 가장 중심이 되는 곳이 학교임을 그곳에 사는 사람이면 모두가 알고 있다. 이제 교육운동가들이 학교와 지역사회의 경계를 허물고 학교를 중심으로 지역공동체를 복원하겠다고 나섰다. 또한, 교육행정을 책임지고 있는 교육감들도 '행복(혁신)학교', '행복(혁신)교육지구', '방과후 온마을 학교', '학교협동조합' 같은 사업을 하나로 묶어 학교와 마을, 교육과 지역사회의 만남을 중심으로 하는 마을교육공동체라는 정책을 준비하고 있다.

분명 마을이 먼저 생기고 교육기관인 학교가 세워졌지만, 이제는 학교가 지역공동체를 되살리는 가장 중요한 고리가 될 것이다. 아이들이 사는 곳이 배움의 시작이어야 하고, 교사들은 학교 교육과정에 지역사회를 온전히 담아낼 수 있는 능력과 열정을 가져야 한다. 뿐만 아니라 학교 밖에서 살아가는 모든 이웃도 아이들과 배움을 주고받는 '선생님'으로 자리매김할 수 있도록 관심을 가져야 할 것이다. 참교육 운동의 새로운 희망이 마을교육공동체로 활짝 꽃피길 바라며, 아이들과 모든 교사가 지역사회와 함께 성장해 갈 수 있도록 정책적 지원을 아끼지 않았으면 한다.

2016. 6. 26.

까마귀 울음소리를 내는 아이가 있어요*

여름의 끝자락이네요. 매미가 시끄럽게 우는데 가만 들어 보면 매미마다 울음소리가 달라요. 맴맴매 우는 매미도 있고 총알총알총총총 우는 매미도 있고 찌륵찌륵 우는 것 같기도 해요. 제가 좋아하는 책이 하나 있는데 제목이 《까마귀 소년》이에요. 이 아이는 지저분하고 친구들과도 잘 어울리지 못하고, 공부도 못했어요. 하지만 담임선생님만은 달랐어요. 이 아이를 관심 있게 지켜보았지요. 참, 관찰과 관심은 다른 말이지요. 관찰은 우리의 감각기관 눈, 코, 귀로 자세히 보는 것이고요. 관심은 한 가지가 더해지는 것입니다. 뭘까요? 맞아요. 바로 '마음'입니다. 마음이 함께할 때 우리는 관심이라고 해요.

선생님은 아이가 까마귀 소리를 구분한다는 것을 알게 됐어요. 아이는 까마귀가 밥 먹을 때, 짝짓기 할 때, 즐거울 때, 슬플 때 내는 소리가 다르다는 것을 알았어요. 그래서 학예회 때 이 친구가 무대에 올라, 까마귀 소리를 흉내 냅니다. 다른 친구들뿐만 아니라 선생님들도 깜짝 놀랐겠죠? 늘 아무 말 없이 한쪽 구석에서 지내던 친구가 무대에 올라 까마귀 울음소리를 내면서 까마귀의 생태를 정확하게 말하니까요. 이제 까마귀 소년은 친구들과 친해지기 시작했어요. 그러면서 친구들은 까마귀 소년이 곤충과 새와 풀과 나무에 대해 모르는 것이 없다는 것을 알게 됐어요.

부탁이 있어요. 우리는 세상 모든 사람과 함께 살아야 합니다. 하지만 함께 살 수 없는 사람이 딱 하나 있어요. 남을 때리는 사람입니다. 친구를 때리거나 동생들을 때리면 어떻게 같이 살 수 있겠어요. 나를 때리는 사람과는 함께할 수 없어요. 누가 누굴 때리는 것이 아무 일도 아니라고 생각하는 사람도 있겠지요. 이것이 더 커지면 집단폭력이 되는 것이고요. 더 커지면 테러가 되고 전쟁이 됩니다. 우리 학교부터 그런 일이 없기를 바라고, 혹시 실수로 그런 일이 일어나면 모두가 '깜짝 놀라는' 마음으로, '큰일 났다'는 마음으로 '어떻게 하면 다시는 같은 일이 벌어지지 않도록 할까' 고민하는 모습을 보여 주길 바랍니다.

그리고 하나 더, 이제 여러 친구가 한 살 두 살 나이를 먹으면 먹을수록 세상이 더 많이 말을 걸어올 겁니다. 여러분 모두 당당하게 자기 이야기를 했으면 좋겠어요. 말과 글이 어려우면 몸짓으로라도 해야 합니다. 그러면 우리 선생님들이 그대로 세상에 전해 줄 것입니다. 용기를 갖고 자기 이야기를 시작하세요. 알았죠? 이야기 잘 들어 주어서 고맙습니다.

* 2018년 11월부터 2019년 3월까지 사립 특수학교였던 태백미래학교에서 교장으로 일했다. 4개월 동안 공립 전환을 준비해서 2019년 3월 1일에 공립 특수학교가 되었고, 2021년 3월 1일부터 태백라온학교로 이름을 바꿨다.

2019. 8. 29.

몰래 온 눈*

다른 사람 다 알고
나만 모르게
온 눈.

언덕길
비탈길
눈길이 되었겠죠.

다리 불편한
우리 아버지

혼자,
혼자서
눈을 치우고 있답니다.

소리라도 있으면
눈치라도 채련만
소리마저 없는
나 몰래 오는 눈

볼 수 없는 눈.

2018. 11. 26.

* 태백미래학교에서 '눈'을 볼 수 없는 아이를 만났다.

심교현의 꿈

교현이가 교장실에 들어와
나를 앞에 세워 놓고
종이에 쓴
글을 읽는다.

"제목 심교현 꿈. 커피 가루 내리기가 가능해요. 에스프레소 머신을 켜고 하는 것을, 커피 잘하고 있어요. 우유에서 스티밍을 했어요. 가루에서 나도 할 수 있다. 잘하면서 힘내죠. 커피 한잔하실래요?"

교현이 꿈이
내 꿈이 되었다.

2018. 12. 13.

명수 씨

2시 10분,
명수 씨 공부하러 온다.

30분 전,
물걸레로 교장실 바닥을 닦고
책상을 깨끗하게 정리했다.

옛날이야기 책 한 권과 공책을 준비하고
연필도 한 자루 깎았다.

잔잔한 음악을 켜고
커피포트에 물을 올려놓는다.

스무 살 명수 씨
나랑 같이 글쓰기 공부하기로 했다.

명수 씨,
용기 내 줘 고마워요.

2018. 3. 12.

말

지원이 담임선생님
문자를 보냈다.

"눈! 지원이가 말했어요."

지난해에는
지원이가
'비' 했다고
그렇게 좋아하시더니

배운다는 건
기쁘고 신비스러운 일.

2019. 3. 21.

교육목표

 흔히 미래 사회를 살아갈 아이들은 네 가지 역량을 갖춰야 한다고 쉽게 말한다. 창의력, 의사소통 능력, 협업 능력 그리고 비판적 사고력. 전문가들은 학교교육으로 마땅히 길러 주어야 할 역량이라고 한다. 나도 같은 생각이었는데 특수학교에서 일하면서 생각이 좀 달라졌다. 교육이 무엇을 '못하는' 아이들을 '할 수 있는' 아이로 키우는 일인가? '무엇을 할 수 있다'는 성취 목표를 이루는 것이 얼마나 어려운 것인지 우리 학교 아이들을 보면서 느꼈다. '일반교육 목표와 특수교육 목표가 다른가? 다르다면 다른 것이 정상인가?' 이런 물음들이 끊임없이 떠오른다.

 눈 깜박이는 것으로 좋고 싫음을 드러내는 법을 배우는 아이도 있다. 그 배움도 즐거워야 한다. 감정 표현은 문제없지만 혼자 밥을 먹지 못하는 아이가 있다. 손가락에 힘이 없으니 손가락 근육 단련하는 운동부터 한다. 고무로 된 운동기구를 장갑처럼 끼고 주먹 쥐는 연습을 땀나도록 한다. 1년이 걸릴지 2년이 걸릴지 아무도 모르지만, 선생과 아이는 함께 배움을 실천한다. 휠체어를 자기 힘으로 움직이는 법을 배우는 아이도 있다. 땀나고 힘들지만 즐겁다. 다른 사람의 도움을 받지 않고 혼자서 교실 밖을 나선다는 것은 누구도 상상 못

할 만큼 짜릿한 모험이다.

 이 모든 도전은 배움을 피하지 않는 것, 더 나아가 배움을 즐겨야 가능한 일이다. 무엇을 할 수 있도록 하는 것 이전에 배움을 즐기는 사람을 길러 내는 것을 교육 목표로 삼아야 한다. 배움을 즐기는 사람이라면, 오늘은 비록 하지 못하는 일도 두려움 없이 나날이 하나씩 재미나게 배워 가지 않을까.

2019. 9. 19.

다시 맞이하고 싶은 순간이 있다면

"교사로 살면서 다시 맞이하고 싶은 순간이 있다면?"

이런 물음을 던져 본다. 많은 선생님은 혼자 서기 힘들어했던 아이들을 잘 가르쳐서 의젓해진 모습을 떠올릴 거다.

특수학교 선생님이 아이가 혼자 똥을 누는 순간을 다시 맞이하고 싶다고 해서 놀랐다. 특수학교 선생님들은 그것을 '배변 교육'이라고 했다. 1년 동안 선생님이 어떤 일을 겪으셨을지 상상할 수 있나. 선생님은 아이가 혼자서 눈 똥 냄새까지도 좋았다고 했다. 그것이 바로 기꺼이 가르치고자 하는 교사의 보람이겠다.

하지만 다시 맞이하고 싶은 순간을 위해 겪어야 하는 어려움은 피하고 싶은가 보다. 학교에서 학급 배정을 할 때 보면 힘든 아이가 있거나 학생 수가 많은 학급을 원하지는 않는다. '다시 맞이하고 싶은 순간'이지만, 내가 원해서 그 상황에 들어서고 싶지는 않다는 말이겠지. 다시 맞이하고 싶은 순간은 그냥 오는 것이 아니다. 그 순간을 만나기 위해서는 아무도 원하지 않는 상황으로 들어가야 한다.

좋은 리더라면 동료들이 그 길을 기꺼이 다시 걷도록 안내해야 하지 않을까 생각해 본다.

2020. 4. 13.

기다림, 열정 그리고 지혜

'코끼리를 바늘로 죽이는 세 가지 방법'이라는 농담이 있다. 이 농담을 바꿔 봤다. '학생에게 모르는 것을 가르치는 세 가지 방법'

첫 번째, 한번 설명하고 알 때까지 기다린다. 한번 가르치고 알 때까지 기다리는 것. 쉽지 않다. 오죽하면 교육은 가르침 이전에 기다림이라고 했겠는가.

두 번째, 알 때까지 설명한다. 열정이다. 많은 교사들의 젊었을 때 모습이 아닐까 싶다. 나눗셈을 못한다고 수업이 끝나도 집에 보내지 않고 자기 가슴을 치며 답답해했던 기억, 다들 있지 않은가.

세 번째, 알 만할 때 설명한다. 다시 말하면 아이들이 알고 싶어 할 때 가르치는 것이다. 지혜다. 아이의 상황을 정확하게 파악해야 가능한 일이다.

기다림과 열정, 그리고 지혜가 모든 선생님 품에서 펼쳐지길 기대한다.

2019. 10. 21.

학교의 친절함

학교와 교사는 친절해야 한다. 맞다. 하지만 그 친절이 아이가 먹고 싶은 것을, 갖고 싶은 것을 그대로 주는 것은 아니어야 한다. 먹고 싶어 하지 않는 김치를 한 조각 먹도록 안내하는 것, 매워서 못 먹는다고 눈물, 콧물을 흘려도 잠깐 모른 척하고 김치가 얼마나 맛있는 반찬인지 느끼도록 하는 것, 그래서 끝내 "선생님, 엄마, 이제 김치 먹을 줄 알아요" 하고 자기 입으로 자랑할 수 있도록 하는 것. 그것이 학교의 친절함이다. 그 친절함이 아이한테 노래를, 나눗셈을, 뜀틀을, 시를 안내하고 배움을 즐기는 어른으로 성장시킨다.

2020. 7. 19.

아이를 더 사랑하는 사람이 이겨야 한다

　교육을 둘러싼 다양한 사람들이 있고, 이들의 이해관계가 늘 충돌한다. 올해만 해도 교원 정원 감축을 둘러싸고 교원단체의 다양한 요구와 주장이 있었고, 초등 돌봄과 관련해서 공무직들이 걸어 놓은 펼침막이 도교육청을 둘러싸고 있다. 학교라는 공간에서도 다양한 갈등과 의견이 충돌하겠지만, 교육청은 학교보다 앞선 자리에서 다양한 상황을 마주한다. 문득 그런 생각을 했다. 교육 일선이 어쩌면 학교가 아니라 도교육청일 수 있다는 것. 학교는 우리가 지켜야 할 아이들의 일상이 있는 후방이고, 최전선에 도교육청이 서 있는 것이 아닌가 싶다.

　그럼에도 우리가 잊지 말아야 할 것은 아이들이 있기에 학교가 있고, 학교가 있어서 교육청이 있다는 사실이다. 그런 까닭에 우리의 모든 힘을 아이들한테 집중해야 한다. 모두가 이런 생각을 하고 있다면 구성원들 사이에 일어나는 갈등을 조정하고 풀어 가는 것이 그리 어렵지는 않을 거다.

　어찌해야 하나 판단이 어려울 때마다 '어떤 것이 아이들을 더 위하는 일'인지 스스로 묻는다면 중심을 잃지 않고 바른길을 갈 수 있을 거라 감히 말해 본다.

2020. 6. 8.

개별화 교육과정이 필요하다

똑같이 생긴 것 같은 드릴 날도 '콘크리트에 구멍을 내는', '강철을 뚫는', '나무를 다루는' 일에 따라 다른 것을 써야 한다. 한 가지로 모든 것에 다가갈 수 없는 법. 다른 재질을 다루려면 다른 접근이 필요하다는 이야기다.

같은 암이라도 개인에 따라 치료 방법이 다르다고 한다. '면역 관여 억제제', 내 몸의 면역세포로 암세포를 죽이는 치료제인데도 열 명 가운데 두 명한테만 효과를 보인다고 한다. 암 치료도 개인 맞춤형 시대가 펼쳐진 지 오래다. 자동차보험도 운전 습관에 따라, 주행거리에 따라 보험료가 다르다.

정작, 학교에서는 어떻게 하고 있는가. 어쩌면 그 어느 곳보다 먼저 아이 한 명 한 명에게 집중해야 하는데 외면한 것은 아닌지 돌아본다. 학생 개인별 교육과정에 한 발 더 다가가야 한다.

2021. 1. 6.

교육공동체 '학교'

 원주 섬강초 선생님 글을 읽다 눈물이 날 뻔했다. 선생님들이 보낸 글에 아이들이 답을 했다고 한다. 그래, 이게 학교다. 나만 살자는 '각자도생'이 아니라 서로를 염려하는 '공동체성 회복'
 선생님┆너희가 와야 학교도 봄
 아이들┆학교를 가야 우리도 봄

2020. 4. 13.

계산할 때 필요한 것

1. 종이와 연필 2. 주판 3. 계산기 4. 컴퓨터

학교는 과거와 현재, 미래가 공존하는 공간이다. 아이들은 어른들이 적응할 새도 없이 새로운 도구를 활용하고 있고 원격수업이 또 다른 일상이 되면서 이제는 외면할 수 없는 상황에 놓였다.

어떤 선생님들은 마치 새로운 도구의 활용이 교육의 발전이라도 되는 듯 주입식 교육의 도구로 활용하고 있고, 반대로 교육의 본질을 왜곡한다고 꺼리는 선생님들도 있다.

돌이켜 보면 지금 가장 기본적인 학습 도구라 할 수 있는 종이와 연필도 발명 당시에는 최첨단 학습 도구가 아니었을까. 종이와 연필 없이 복잡한 수식을 풀어내는 것은 지금도 대부분 사람들한테 불가능에 가까운 일이다. 종이와 연필을 지나, 계산기와 컴퓨터를 지나, 빅데이터와 인공지능이라는 전혀 다른 도구가 등장하고 있다.

배움의 본질은 호기심에서 시작해 꼬리에 꼬리를 무는 질문과 대답을 거쳐 자기 주도적인 문제 해결에 있을 것이다. 도구의 발달을 교육의 발전으로 보는 것도 문제지만, 도구의 변화를 교육의 일탈로 치부하는 것도 합리적인 것은 아니다.

2021. 1. 11.

'미래'가 아니라 '오늘'을 사는 아이들,
교실의 출발은 어디여야 할까?

"꼬마야, 꼬마야 뒤를 돌아라.
돌아서 돌아서 땅을 짚어라.
짚어서 짚어서 만세를 불러라."
애들아,
시험도 잊고
점수도 잊고
신나게 놀아라.

아이들이 교문을 들어서는 선생님한테 매달려
어제 있었던 일을 재잘거리며
마음을 나누는 것이 교육이다.

꿈을 넘는 아이들

"꼬마야, 꼬마야
뒤를 돌아라
돌아서 돌아서
땅을 짚어라
짚어서 짚어서
만세를 불러라
불러서 불러서
자알 가거라."

오늘은 수요일이다.
지금 4시가 넘어간다.

정글짐이 놓여 있는
운동장 한쪽 구석
한 무리의 아이들
긴 줄넘기 넘고 있다.

눈물 나도록
파란 하늘 아래
신나게
줄을 넘고 있다.

저 아이들
오늘 아침부터
내리 다섯 시간
시험 봤다.
아이들 꿈에 점수를 매기는
시험지 풀었다.

아이들 노랫소리 들려온다.
또랑또랑한 목소리로
모두가 행복하고 싶다고
말하고 있다.

2008. 11. 5.

대설주의보

눈이 온다.
공부 끝난 아이들
하나둘 교실을 빠져나간다.

쌀알처럼 내리던 눈은
어느새
하얀 나비 떼처럼
너풀댄다.

"영동 산간지방, 울릉도, 독도 대설주의보. 한파 주의."

그 많은 눈 다 맞으며
들뛰던 아이들
눈 많이 와
학원 안 가도 된다며
집으로, 학원으로 전화하더니
두 손 주머니에 찔러 넣고
어김없이 학원 차에 올라탄다.

지난번 큰 눈에

혼이 난 소나무
가지를 늘어뜨리고
걱정스럽게
서 있다.

2005. 3. 24.

토끼와 거북이

"땅"

총소리 울리고
공기를 가르며 뛰어나갑니다.

머리를 치켜들고 팔을 흔들며
맨 앞서 뛰어가던 토끼

갑자기 멈추더니
뒤돌아봅니다.

따라오는 거북이 보며
빨리 오라고 손짓합니다.

흐뭇하게 구경하던 토끼 할머니
애가 다 탑니다.

거북이가 지나가자
토끼는 다시 머리 쳐들고
바람같이 달립니다.

하얀 결승 테이프 앞에 다다른 토끼
다시 멈춰 서서 손짓합니다.

그리고는 키 작은 친구 거북이가
숨 헐떡이며 다가오자
손잡고 함께 결승선을 넘어섭니다.

할머니와 어머니는
"저런, 멍충이"
"약지 못해서"
웃음 짓지만.

토끼와 거북이는
1등 푯말 앞에 당당하게 앉았습니다.

해님도, 바람도, 하늘도, 나무도
모두 즐거운 운동회 날입니다.

2014. 5. 10.

잠자리

"파라락, 파라라."
아이들 벌써 다 돌아가고
나도 가야 하는데 어쩌지.

공부 시간에 들어온
잠자리 한 마리
아직도 나가지 못하고
"파라락 파라파락파"

이제 창문 닫고 가야 하는데
형광등에 붙었다가
창문에 머리를 부딪치며
"파라파락 파라락"

조금만 더 기다리자.
교실 창문 활짝 열고
조금만 더 기다렸다 가자.

파란 하늘
미끄러지듯 날아가는
잠자리를 보자.

2007. 7. 9.

소중한 것

내일?
아니 오늘.

내일 만나는 하느님?
아니, 오늘 만나는 아이들.

2014. 6. 1.

처음 만난 1학년 아이들

 91년 임시 강사로 6개월 동안 철원에서 1학년 아이들과 같이 지냈다. 그리고 9년 만에 1학년 담임교사가 되었다. 3월 2일 입학식 때는 조그만 아이들이 좀 낯설고 어색했다. 하지만 하루 이틀 지내면서 행복했다. 올해는 나도 일기를 쓴다. 1학년 아이들이 처음 일기를 쓰듯이 나도 그런 마음으로 일기를 써 보기로 했다.

2000년 3월 2일
 어젯밤 일찍 자려고 하다가 잠이 안 와서 애를 먹었다.
 학교에 와서 아이들을 5학년으로 올려 보내고 10시부터 입학식을 했다. 쫄로리 서 있는 아이들 앞에 섰는데 어디다 눈을 둬야 할지 모르겠다. 식을 끝내고 교실에 데리고 왔다. 이름을 차례대로 불렀다.

3월 5일
 아침부터 직원 조회를 했는데 공부 시작종이 울리고도 15분이 지나서야 끝났다. 교실에 난로를 피워 놨는데 걱정이다. 회의가 끝나자마자 빨리 교실로 왔다.
 두 시간 공부를 마치고 아이들을 바래다주면서 주리한테 오늘도 자리를 바꾸고 싶냐고 물어봤는데 괜찮다고 했다.

4월 22일

출장 가서 사 온 머리띠를 여자아이들에게 하나씩 주었다. 남자아이들한테는 지우개를 주었다. 아이들은 그냥 희죽 웃으며 받았다. 되게 좋아할 줄 알았는데.

내가 없을 때 있었던 일을 자꾸 이른다. 영환이가 청소함에 들어갔다가 청소함이 넘어졌다는 얘기도 했다. 공부가 끝나고 아이들을 집에 막 보내려고 하는데 형준이가 블라인드 끈을 잡고 창틀에서 타잔처럼 뛰어내렸다. 갑자기 "차르르" 하는 소리가 나면서 고리가 빠져 버렸다. 형준이를 나오라고 하고는 너 도대체 왜 그래 하면서 소리를 꽥 질렀다. 아이들은 보내고 블라인드를 고쳤다. 좀 이따 보니 형준이 어머니가 오셔서 형준이가 고개를 푹 숙이고 오더라며 무슨 일이 있었냐고 물으신다. 있었던 일을 말씀드리니 미안하다며 고개를 숙이신다.

4월 28일

어머니들과 만든 '동화 읽는 모임'을 처음 했다. 일곱 분이 오셨다. 동화책을 달마다 두 권씩 읽기로 했고, 글을 한 편씩 써 오기로 했다. 그리고 5월부터 학급 글모음을 달에 한 번씩 만들기로 했다.

5월 25일

셋째, 넷째 시간에 병원놀이를 했다. 아이들이 참 재미있게 해서 나도 좋았다. 미연이가 어제 뒷산에 갔을 때 토끼풀로 만들어 준 꽃반지를 아직도 끼고 있다.

"미연아, 아직까지 그걸 끼고 있네."

이뻐라. 조 작은 걸 소중히 생각할 줄 아니 미연인 나중에 잘 살겠다.

6월 10일

백일잔치를 했다. 아이들이 입학한 지 100일째다. 떡도 조금 준비했고 초코파이를 쌓아서 초도 꽂았다. 옆 반 교실에 떡을 조금씩 돌렸다. 나영이와 지애가 같이 촛불을 끄고 아이들은 노래를 불렀다.

"사랑 사랑 사랑반 내 친구 내 사랑, 사랑반 내 친구 내 몸과 같이 사랑하리."

6월 25일

어제 집에서 딴 앵두를 학교에 가져와서 아이들에게 한입 가득히 넣어 주고 그러고도 남아 손바닥에 덜어 주었다.

"너네들은 집에서 맛있는 거 먹을 때 내 생각 안 나

지? 나는 너네들 생각이 맨날 나니까 내가 더 너희들을 사랑하는 거야, 맞지?"

"아니에요. 나도 저번 날에 쑥인가 밀가루하고 된 거 가져오려고 했어요."

상빈이가 큰 소리로 말한다.

한 알 한 알 아껴 먹는 아이들도 있고 한입에 탁 털어 넣기도 한다. 빨간 앵두를 먹으며 씨를 뱉어 내는, 앞니가 빠진 애들이 이쁘다.

7월 4일

현장학습으로 바다에 갔다. 덕산해수욕장, 원자력발전소 세운다고 떠들썩하던 곳.

민물과 합쳐지는 곳이라 바닷물이 그리 깨끗하지 않았다. 태수는 바다에 처음 들어간다고 한다. 오른쪽 무릎 골수염 때문에 그동안 바닷물에 들어가지 못했단다. 참 좋아들 한다. 형준이는 그야말로 물 만난 고기처럼 물을 좋아한다. 나영이도 처음엔 가만 앉아 있더니 내가 안아서 물에 발을 담가 주니 좋아서 싱글벙글 히죽이 웃는다.

7월 13일

지애한테 갔다 왔다. 2학기 새 책하고, 방학 동안에 쓸 일기장하고 이것저것 챙겨서. 지애는 밥을 먹고 있고 지애 아버지는 맥을 놓고 앉아 계셨다.

우리 반 아이들은 지애 아버지를 보고 할아버지라고 한다. 지애 아버지는 학교에 자주 오신다. 자전거에다 논일하던 삽을 끼우고 오셔서 이것저것 이야기하고 가신다. 참 착한 분이라는 생각이 들었다.

지애가 학교에 못 나온 지 벌써 보름이 지났다. 병원에서 본 지애는 건강해 보였다. 얼굴도 뽀얘졌다. 지애는 아직 글을 잘 못 읽는다. 2학기에는 지애하고 청소도 같이하고 글도 좀 더 가르쳐야겠다. 똑똑하고 착한 아이로 자랄 수 있게. 잠시 있다가 나오는데 지애 아버지가 아래까지 따라 나오며 다녀가시라고 인사하고 들어가신다. 이럴 때 기분이 이상해진다. 눈물이 날 것 같다. 지애 아버지, 힘내세요.

고천분교 아이들

올해 학교를 옮겼다. 삼척 시내에서 20분쯤 떨어진 분교로 갔는데, 이광우 선생님하고 같이 근무하게 됐다. 우리 학교 아이들은 모두 일곱이다. 5학년은 본교에서 공부하기로 해서 가고 나니 여섯이 남는데 모두 남자아이다. 1학년 둘, 2학년 하나, 3학년 둘, 4학년 하나. 그래서 나하고 이광우 선생님하고 오순도순 재미나게 지내고 있다. 첫날부터 일기를 쓰고 있는데 그 가운데 몇 개 뽑았다.

이광우 선생님이 아이들과 목욕 갔어요
2001년 3월 5일. 꽃샘추위가 아주 매섭네요. 운동장 땅이 다시 꽁꽁 얼었어요.

네 시간 공부를 이럭저럭 마치고 점심을 먹었다. 2시쯤 되어 나는 본교에 일이 있어서 가고 이광우 선생 혼자서 아이들 다섯을 데리고 삼척 시내에 목욕하러 갔다. 같이 가야 하는데 그러지 못해서 조금 미안하다.

학교에 돌아와 이 일 저 일 하는데 벌써 5시가 다 되었다. 아직 아이들이 안 온다. 한참을 더 있다가 왔는데 이 선생은 아주 지친 모습이다. 하기야 애들 다섯을 다 씻기려면 얼마나 힘들겠나. 그 가운데 두 아이는 한 번도 목욕탕에 가 보지 못했다고 하고, 또 한 아이는 딱 한 번 가 봤다고 했다는데. 어쨌든 다음에는 같이 가야겠다. 한 달에 한 번은 꼭 가야지.

똥 닦아 줘요
2001년 3월 6일. 점심때 일용이가 "선생님 밤이 될라고 해요" 그래서 봤더니 어두컴컴해지면서 빗방울 날리네요.

점심을 먹고 고천에 사는 현우와 희원이는 우산을 씌워서 보냈다. 일용이는 삼거리에 살기 때문에 3, 4학년이 끝나면 보내려고 교무실에서 같이 있었다. 교무실 책장에 있는 보지 않는 책들을 종이 상자에 넣어 치우고 아이들이 읽을 만한 책을 정리하는데 일용이가 옆에서 "이거요, 이거 치워요?" 하면서 곧잘 일을 거든다.
한참 그러다가 갑자기 "선생님, 똥 나올라고 해요. 똥 닦아 줘요" 하면서 변소로 뛰어간다. 나도 덩달아 휴지를 들고 뛰어갔는데 일용이는 옷을 훌훌 내리더니 변소에 들어가자마자 문도 안 닫고 똥을 누는데 뚝뚝 떨어진다. 조그만 일용이가 다리를 벌리고 앉기에는 변기통이 너무 넓어 힘든지 자전거 탄 것처럼 엉덩이를 쭉 빼고 엉거주춤 섰다. 힘을 몇 번 더 주더니 "선생님, 휴지 갖고 왔어요? 나 이제 다 눴어요" 한다. 옷을 입히고 손 잡고 교무실로 들어오는 나와 일용이 모습이 참 예쁠 것 같다.

석 달 열흘부터 내가 키웠는데
2001년 3월 7일. 하늘은 맑은 듯한데 눈이 조금씩 날리네.

두 시간이 끝날 때쯤에 할머니 한 분이 오셨는데, 칠순이 넘은 현우네 할머님이다. 검은 비닐봉지를 들고 오셔서 얼른 받아서 뭔가 하고 봤다. 맥주하고 과자가 들어 있다. 교무실로 모시고 갔는데 먼저 숨부터 길게 몰아쉬신다. 집이 학교에서 멀지 않은데도 오시는데 숨이 찬가 보다. 머릿수건을 쓰고 긴치마를 입으셨다. 현관에 실내화가 있는데도 솜버선 그대로여서 얼른 가서 실내화를 가져와서 드렸다. 할머니가 어디서 왔냐고 물으셔서 나는 동해에서 산다고 말씀드렸다. 이광우 선생이 북평에 산다고 하니 큰딸이 북평에 산다고 반가워하신다. 아무것도 모르는 거 가르치느라 힘들겠다고 하시며 일어서시기에 우리도 얼른 일어났다.

현관에서 실내화를 벗으시다가 넘어질 뻔해서 잡아 드렸다. 문을 나서시며 "우리 현우 석 달 열흘 되서부터 내가 키웠는데, 이제 아홉 해가 다 됐어" 하신다. 이광우 선생이 "무척 힘드시겠어요" 하니 아무 말이 없으시다. 조심해서 가시라고 인사를 드렸다.

점심 먹고 아이들 다 보내고 이광우 선생님이랑 맥주를 따서 한 잔씩 마셨다. 썬칩이라는 과자가 짭짤하고 고소했다.

휴 이것도 힘드네
2001년 3월 8일. 점심 먹고 아이들과 공을 차는데 아이들 손이 빨갛다.

어제하고 오늘 점심 먹고 아이들과 편을 나누어 공을 차고 운동장을 정리했다. 저번 눈이 와서 땅이 질 때 차들이 들어와서 바퀴 자국이 보기 싫게 났다. 공을 찰 때도 공이 아무렇게나 막 튄다.

일용이, 희원이, 현우는 호미로 하고 의춘이, 동준이, 의현이는 삽을 들었다. 나하고 이 선생은 괭이를 들고 했다. 한참을 하다 보니 힘들다. 아이들은 이곳저곳 돌아다니며 장난치며 땅을 파고 있다. 점심 먹은 게 쑥다 내려갔다. 이광우 선생이 "한 2년 이렇게 살다 보면 내 학교라는 생각이 들 것 같아요" 하며 학교를 둘러본다. "그러게" 하고 나도 따라 빙 둘러봤다. 참 예쁜 학교다. 우리 아이들도 학교를 집처럼, 나하고 이광우 선생을 부모나 형처럼 생각할 것 같다. 얼추 다 끝났다. 이제 비가 한번 내려서 고르게 해 놓은 곳을 다져 주면 되겠다.

교실에 들어와 보니 어제 3, 4학년 아이들이 대방골에 가서 꺾어 온 버들강아지가 내 책상 위에 있다. 아침에는 못 봤는데 손가락으로 살살 비벼 보니 보들보들 보드랍다. 이제 따뜻해지면 우리 반 애들 데리고도 한 번 가 봐야지.

눈 내리는 고천
2001년 3월 10일. 집에 가다가 일용이가 "눈이 다 덮었다. 해님 봐요" 한다.

아침부터 눈이 내렸다. 그렇지만 하늘에는 해가 가끔 보이고 훤하다. 그리고 봄눈이라 많이 쌓이지 않는다. 빗자루를 꺼내 들고 화장실 가는 길을 깨끗이 쓸었다.
두 시간이 끝나고 이광우 선생은 애들하고 운동장에

서 눈사람 만들고 왔다 갔다 하며 논다. 나도 나가려고 신을 바꿔 신다가 그냥 교무실에 들어와서 창문을 열었다. 눈이 예쁘게 날려 안으로 들어온다. 일용이는 보리 알갱이처럼 선생님만 졸졸 따라다니고 의춘이는 혼자서 눈사람을 열심히 만든다. 사진기를 꺼내 서너 장 찍었다.

아까 교무실에 오다가 복도에 들어온 새를 잡아서 빈 어항에 집어넣었는데 힘이 없다. 눈 오는 날에 그냥 날려 줘도 잘 살까 싶었다. 과자 부스러기를 줘도 먹지 않는다. 아이들이 들어오려고 해서 내가 문 앞으로 나갔다. 새를 살짝 잡고 꺼내서 날려 줬다. 올라갔다 내려갔다 하면서 보리밭으로 날아갔다. 곧잘 나는 걸 보니 괜찮을 것 같다.

제비
2001년 6월 4일. 무척 덥다. 조금만 움직여도 땀이 뚝뚝 떨어진다.

4일하고 5일 이틀 동안, 농번기라고 학교에 가지 않아도 된다. 그래서 아이들 집에 한번씩 들르기로 했다. 이광우 선생이 음료수를 다섯 상자 준비했다. 그것을 들고 삼거리부터 다녔다. 다섯 집을 들러 보고 나니 하루가 다 갔다.

의현이 의춘이 집에 갔다. 마침 할아버지, 할머니가 계셨다. 신발을 벗고 들어가려고 하는데 머리 위에서 제비가 지지배배 한다. 올려다보니 제비집이 있고 주둥이가 하얀 새끼들이 입을 쩍 벌리고 있다. 이놈들 왜 하필이면 사람 드나드는 문 앞에다 집을 지었을꼬. 웬만한 집 같았으면 당장 헐어 버렸을 텐데. 너희들 주인 잘 만났다.

들어가 앉아 있는데 할아버지가 나가시더니 사이다 하고 맥주를 두 병 사 오셨다. 한 잔 따라 주시길래 얼른 마셨다. 올해는 가물어서 보리도 안 되고, 보리 베고 나서 콩을 심어야 하는데 걱정이라고 하신다. 어제오늘 더웠으니 소나기라도 한바탕 쏟아질 만한데 그럴 낌새가 안 보인다. 바쁘실 텐데 얼른 일어서야지.

구구셈
2001년 9월 5일. 비가 좀 내렸으면 하는데 파란 하늘이 너무 맑다.

점심 먹고 벚나무 아래 평상에 누워 현우하고 구구단

을 외웠다. 내가 "이일은 이" 하면 현우가 "이이는 사" 이렇게 주고받으면서 5단까지 했다. 처음 하는 구구셈이라서 현우가 아직 어려워한다. 현우는 학원도 안 다니고 학습지도 안 한다. 내가 공부 시간에 가르치는 것이 처음 듣는 거고 처음 배우는 거다. 현우하고 공부할 때면 가끔 소리도 지르지만 재미있다. 시내에서 아이들하고 공부할 때와는 많이 다르다. 작은 것 하나하나 일러 주고 확인해야 한다.

2시쯤 돼서 다른 애들은 이광우 선생하고 바위솔이라는 풀을 찾으러 희원이 집에 가고 현우하고 나는 그늘에 앉아 꽃밭에 심었던 조를 털면서 구구단을 재미있게 외웠다.

백 년이고 천 년이고 이 자리에 학교가 있어야지
2001년 9월 26일. 어제는 흐렸는데 오늘은 파란 하늘이 보인다.

학부모 회의를 했다. 1학기에 한 번 하고는 두 번째다. 작은학교를 폐교하려는 교육청의 계획에 대해 학부모님들 의견을 묻는 자리다. 1학기에는 교육청에서 사람이 나와서 의견을 묻고 폐교하려고 하는 까닭을 설명

했고, 2학기에는 분교 안에서 회의를 하는 것이다.

　3시부터 회의를 한다고 안내 글을 보냈는데 현우 할아버지, 동준이 큰아버지, 그리고 희원이 아버지 이렇게 세 분 오셨다. 우리 아이들이 모두 여섯인데, 의춘이 의현이가 형제니까 다섯 분 가운데 세 분이 오신 것이니 과반수는 넘은 셈이다. 마침 본교 교장 선생님도 오셔서 함께 이야기를 나눴다. 이광우 선생님이 한방차를 타 오고, 어제 주운 밤도 삶아서 내놨다. 다들 한마디씩 한다. 희원이 아버님은 1학기에 의견 조사를 해서 모두 반대를 했는데 6개월 만에 뭘 또 하냐면서 "나는 우리 희원이가 졸업할 때까지 폐교 반대니까 자꾸 이런 회의를 하지 않았으면 좋겠습니다" 하셨다. 동준이 큰아버지는 학교가 없어지면 이곳이 어떻게 되겠나 걱정하셨다. 폐교된 다른 학교에 가 보면 학교에 풀만 무성하고 밤이면 무섭기까지 하다고 했다. 학생이 한 사람 남을 때까지 학교가 있어야 한다고 하시면서 그나마 학교가 있으니까 마을이 이 정도 지켜지고 있다고 하셨다. 교장 선생님은 우리 학교 옆에 있는 천기분교가 내년에 폐교된다면서 다른 곳은 찬성하는 분도 많다며 한마디 하는데, 현우 할아버지만 가만 계신다. 그래서 현우 할아버지도 한 말씀 하시라고 했더니 이렇게 말씀하시는 거다.

"저가 뭐, 할 말이 있습니까. 그저 우리 현우 가까운 데 학교 다니니까 마음 편해서 좋고, 또 오래 있어 온 학교니까 없어지면 안 되지요. 그리고 선생님들이 열심히 하셔서 몇백 년이고 몇천 년이고 학교가 이 자리에 있게 해 주셔야지요."

현우 할아버지는 칠십이 넘으셨다. 서른 갓 넘은 나하고 이광우 선생은 이 학교 오면서 우리가 있는 3년 동안은 학교가 없어지지 않게 열심히 해 보자 했는데, 현우 할아버지 말씀에 참으로 부끄러웠다.

가은이
2002년 2월 5일. 운동장에 나가 놀아도 하나도 춥지 않아.

요즘 겨울답지 않게 따뜻하다. 학교에 놀러 온 아이들과 점심으로 라면을 끓여 먹고 나니 졸립다. 창가에서 밖을 내다보고 있는데 우체부 아저씨가 오토바이를 타고 운동장을 가로질러 온다. 아저씨가 창문을 두드린다. 등기가 왔다고 한다. 도장을 찍고 봉투를 뜯어 보니 미로면사무소에서 '2002학년도 취학아동 명부 보냄'이라는 제목으로 공문이 왔다.

올해 우리 학교에 올 아이는 고천에 사는 동희라는 남자아이가 있었다. 1년 내내 유치원 끝나면 우리 학교에 와서 같이 놀았다. 그럴 때마다 우리 모두 "우리 학교에 올 거지?" 하고 묻곤 했다. 그런데 며칠 전에 전화하니 동희 어머니가 벌써 주소를 아랫동네로 옮겨 놓았다고 했다. 혹시나 했는데 우리 아홉 식구 모두 실망을 많이 했다.

내용을 보니 여자아이다. '이가은' 참 예쁜 이름이다. 주민등록 번호도 2로 시작한다. 틀림없다. 너무 반갑다. 갑자기 막 즐겁다. 이광우 선생한테 전화해서 알려 주려고 하는데 전화가 안 된다. 삼거리에 살면 의춘이가 알고 있나 싶었다. 불러서 물어보니 그런 아이는 모른다고 한다. 일용이 어머니한테 전화를 했다.

"잘 모르겠어요. 그런 아이 없거든요. 이정순이란 분도 모르고요. 삼거리에 살지 않거든요. 이장님도 저한테 와서 물어보던데요."

힘이 빠진다. 아쉬운 마음에 이장님 전화번호를 물어보고 끊었다. 다시 전화를 하려다 찾아가 보는 것이 나을까 싶어 그만두었다. 이 아이도 부모 사정으로 주소만 할아버지 집에 옮겨 놓은 모양이다. 아이들한테는 자세하게 말하지 말아야겠다. "동희 미로학교 갔데요" 하면서 아쉬워한 아이들인데 더는 실망하게 하지 말아야지. 내년에도 둘이나 우리 학교에 들어올 아이들이 있으니까 괜찮다.

어쨌거나 가은이도 나이가 됐으니 학교는 가야 하는데 어디에 있는지. 자기 또래는 다들 가방 사고, 하얀 실내화 사서 학교에 갈 준비하며 밤마다 학교 가는 꿈을 꿀 텐데. 만약 가은이가 우리 학교에 오면 다들 얼마나 이뻐해 줄까? 일용이와 희원이가 가은이 양쪽 손을 꼭 쥐고 온 동네를 돌아다니면 얼마나 보기 좋을까? 우리도 지금보다 더 행복하고 좋을 텐데.

동네 학교를 떠나는 아이들

"너희 부부가 아이 위한다고 주소만 옮겨 놓고 시내 학교에 아이를 보내는 걸, 뭐라 할 수 없는 세상이지만 한번 더 생각해 보면 좋겠다."

"이놈의 마누라가 말을 들어야지. 학교 끝나면 바로 영어학원에도 보내겠다고 하고, 그 일 때문에 몇 번이나 싸웠다니."

"싸울 일은 아닌 것 같고. 네가 지금 사는 동네에서 올해 우리 학교에 들어오는 아이가 둘이다. 그런데 네 애가 시내 학교로 가면 좀 이상하지 않냐? 너도 그곳에서 태어나서 우리 학교 졸업했잖아. 지금껏 소 키우고 살았잖아. 그런데 네 아이만 쏙 빼내서 다른 학교 보내면, 동네 어른들이 뭐라 안 하겠나. 그리고 들어오는 1학년이 일곱이 안 되면 지금 3학년과 복식수업을 하게 될 것 같은데, 그런 일 생겨도 그 동네에 계속 살 수 있겠나?"

"뭐, 그렇다고? 알았다. 다시 한번 마누라하고 얘기해 볼게."

전화를 끊고 나서도 기분이 좋지 않았다. 동사무소에서 보내온 자료를 보면 올해 우리 학교에 들어올 아이는 열이었다. 그런데 그 가운데 넷이나 다른 학교로 아이들을 보내겠다고 주소를 옮겨 버렸다. 남은 아이가 여섯이다. 답답한 마음에 하기 싫은 전화를 억지로 했다.

자기가 나고 자란 곳을 업신여기는 마음. 이 못난 마음들은 어째서 생겨난 걸까? 우리 몸을 내고 마음을 키워 준 내 땅, 내 나라를 이렇게 무시해서야 어찌 사람 노릇 제대로 하고 살겠나.

2008. 2. 13.

시골 버스

"거, 어디 가려고?"
"치과에. 니는?"
"무릎이 자꾸 시큰거리는 게"
"심 씨는?"
"난, 눈이 자꾸 침침해가꼬."

"성동네는 뭐 팔러 가는데?"
"하우스에서 겨울난 시금치가 좋아서."
"거기는 저번에 질금 내던데."
"보름 전에 팔아 치울라고."

할아버지들은 병원으로
할머니들은 장터로

나 혼자만
책가방 메고
교복 입고
입 꼭 다물고
학교에 간다.

2014. 9. 1.

기원이 전학 가던 날*

기원이가 전학을 간다.
동양시멘트 다니던 아버지가 직장을 잃어
경기도로 전학을 간다.

목요일
미술 시간
색종이로 꽃 만들기를 했다.
기원이 아버지 어머니가 오셔서 복도로 나갔다.
"그래, 경기도에 직장은 구하셨어요?"
"예, 성남에."
"삼척에서는 일자리 구하기가 힘들죠?"
"이곳이 살기는 좋은데, 어떻게든 살아 보려고 했는데 잘 안 됩니다."
"가셔서 잘되었으면 좋겠네요."
기원이 어머니가 기원이한테 가 보려다 핀잔을 들었다.
"수업 중인데 그냥 둬!"
"괜찮습니다. 한번 가 보세요. 학교에 한번 오기가 힘들잖아요."
기원이 어머니는 기원이를 가만히 바라보며 서 있다가 돌아가셨다.

공부가 다 끝나고
청소가 끝나고
"선생님 안녕히 계세요."
"그래 잘 가! 가서 공부 열심히 하고."
아버지 닮아 조그만 기원이는 전학을 갔다.
아버지 일자리 따라갔다.

1998. 10. 10.

* 외환 위기로 구조 조정이 한창 일어나던 때다.

단식

일제고사 반대하는 마음과 해직 선생님들의 아픔을 함께하는 뜻으로 닷새를 굶었다. 혼자 집에서 하면 마음이 흔들릴까 봐 차들이 많이 다니는 큰길가에 천막을 쳤다. 뜻을 같이하는 선생님들과 함께했다.

3월 27일 금요일
학부모님께 보내는 편지를 썼다. 편지를 다 쓰고 나니 자정이 넘었다. 일제고사를 반대하는 뜻으로 오늘부터 밥을 굶겠다는 말도 했다.

오늘부터 단식이다. 어제저녁으로는 아내가 해 준 김치볶음밥을 먹었다. 좀 싱거운 듯했지만 맛나게 먹었다. 화장실에 들어가 이를 닦았다. 그리고 물을 마셨다. 이 물맛을 기억해야겠다. 물을 먹지 않고 사람은 며칠을 견딜 수 있을까. 밥을 먹고 마시는 물과는 분명 다른 맛일 거다. 밥을 먹지 않으면 잠이 오지 않는다는데 그 말이 사실일까. 시계는 지금 새벽 1시를 넘어서고 있다. 지금부터 나는 음식을 먹으면 안 된다. 지난 월요일부터는 점심을 먹지 않았다. 점심시간에 아이들과 식당에 내려가서는 아이들만 밥을 먹였다. 왜 밥을 먹지 않느냐는 아이들 물음에 시험을 반대하는 뜻이라고 했다. 아이들은 '그런데 왜 밥을 굶어요?' 하는 얼굴이었다.

이런저런 생각이 머릿속을 헤집고 있다. 잠이 안 온다. 책꽂이에서 오래전에 읽었던 시집을 한 권 꺼냈다. 다른 때는 책을 읽으면 귀신같이 잠이 오더만 그렇지도 않다. 한 장 한 장 넘기면서 시를 읽었다. 내 마음을 아득하게 했던 시 한 편을 다시 읽어 본다.

따뜻한 봄날 ● 김형영
어머니, 꽃구경 가요. / 제 등에 업히어 꽃구경 가요. // 세상이 온통 꽃 핀 봄날 / 어머니는 좋아라고 / 아들 등에 업혔네. // 마을을 지나고 / 들을 지나고 / 산자락에 휘감겨 / 숲길이 짙어지자 / 아이구머니나 / 어머니는 그만 말을 잃었네. // 꽃구경 봄구경 눈 감아버리더니 / 한 웅큼 한 웅큼 솔잎을 따서 / 가는 길바닥에 뿌리며 가네. // 어머니, 지금 뭐 하시나요. / 꽃구경은 안 하시고 뭐 하시나요. / 솔잎은 뿌려서 뭐 하시나요. // 아들아, 아들아, 내 아들아 / 너 혼자 돌아갈 길 걱정이구나. / 산길 잃고 헤맬까 걱정이구나. //

 지금은 봄이다. 개나리와 진달래가 활짝 핀 따스한 봄날이다. 옛날에는 시에 나오는 것처럼 먹을 것이 없어 어쩔 수 없이 굶었다. 내가 아무리 고통스럽다고 해도 먹을 것이 없어서 굶는 고통과는 견줄 수 없을 거다. 1년이면 100명이 넘는 아이들이 학교생활이 힘들어 자살을 하는 대한민국이다. 올해 벌써 16명이 자살을 했다고 한다. 먹을 것이 넘쳐 나는 2009년. 우리 아이들은 스스로 목숨을 끊고 있다. 제발 살려 달라고 죽어 가고 있다.

3월 29일 일요일

온종일 비가 온다. 뜻을 함께하는 많은 사람이 농성장을 찾아 주었다. 이곳에서 이틀 밤을 잤는데, 생각보다 잠이 잘 왔다. 얼핏 잠이 들었다가 시끄럽게 지나가는 큰 트럭들 바퀴 소리에 잠을 깨곤 했지만 그리 힘들지는 않다. 그래도 다음에 또 이런 일이 있다면 조용한 곳에서 하면 좋겠다는 욕심도 난다.

단식을 해 봤던 사람들은 사흘째가 가장 힘들다고 한다. 하지만 잘 모르겠다. 가끔 아랫배가 조금씩 아픈 것 말고는 괜찮다. 죽염을 조금 먹고, 간장을 물에 타서 마시기도 했다. 북적거리던 사람들이 돌아가고 나니 조용하다. 종이를 꺼내 "아이들을 하늘처럼 섬기며 살겠습니다" 이렇게 쓰고는 아래에 내 이름 석 자를 썼다. 그리고는 테이프를 찾아 천막 한쪽에 붙였다. 붙여 놓고 보니까 조금 쑥스럽다. 내가 밥을 굶는 까닭이 진정 그런 마음이고 싶었다.

3월 30일 월요일

하루 종일 수업을 했다. 힘이 없다. 이상하게 아이들한테 짜증을 냈다. 내가 힘든 것을 몰라주는 아이들이 조금 섭섭했나 모르겠다. 토요일, 일요일 천막에 있을 때는 몰랐는데, 오늘은 힘들다. 아이들과 함께 지내는 것이 정신과 체력을 많이 쓰는 일이 맞긴 맞는가 보다. 하지만 오늘은 나흘째고 내일이면 단식도 끝이다.

지금도 비가 온다. 내일은 시험을 보지 않겠다는 아이들이 해직 교사들과 체험학습 가는 날이다. 내일도 오늘처럼 비가 오면 걱정이다. 삼척 준경묘로 가는데 비가 오면 어려운 일이 많다.

우리가 단식을 하고 천막에서 농성하면서 많은 힘이 모아졌다. 체험학습을 망설이던 학부모들과 아이들이 하나둘 찾아와서는 마음을 다졌다. 우리 집 아이 둘도 엊그제까지 망설이더니 어제는 체험학습에 가겠다고 했다. 쉬운 일이 아니다. 아이들을 앞에 내세우는 것 같아 씁쓸한 마음이 들기도 한다. 하지만 일제고사 보거나 안 보거나 결국은 아이들이 감당해야 할 몫이다. 힘

없는 내가 할 수 있는 일이라는 게 결국 이것밖에 없다.

3월 31일 화요일

오늘 아이 스물둘이 체험학습을 떠났다. 아침에 조금씩 내리던 비가 9시가 넘어서면서 그쳤다. 그러더니 구름 사이로 햇살까지 비친다. 다행이다.

나는 어제보다는 힘들지 않다. 이상하게 힘이 난다. 오늘이 마지막 날이라서 그런가. 내 몸이 먼저 그걸 알아차리나 보다. 오늘은 4, 5, 6학년 모두가 시험을 본다. 나는 3학년이다. 옆 반이 5학년이라서 쉬는 시간에 살짝 들여다봤다. 쥐 죽은 듯이 조용하다. 체험학습을 떠난 아이들은 지금쯤 숲속을 뒤지고 다닐 거다.

오늘도 점심시간에 아이들을 따라 식당에 내려갔다. 아이들이 밥을 다 받고 나서 나는 교실로 올라왔다. 평소처럼 아이들 일기장을 읽었다. 그리고는 짧게 답글을 달았다.

"우리 선생님, 오늘이 마지막 굶는 날이다. 선생님 힘내세요."

연희가 일기 끝에 쓴 글이다. 이렇게 아이들이 날 지키고 있다. 아이들이 올라온다. 일기장을 보고 있는 내 곁으로 몰려와서 음식 냄새를 잔뜩 풍긴다. 입가에 묻은 반찬 자국이 또렷하게 보인다.

"선생님, 오늘도 밥 안 먹었어요?"

"내일은 너희들과 같이 밥 먹을 거야.

"배 안 고파요?"

"참을 만해."

아이들을 보내고 밀린 일을 조금 하다 보니 퇴근 시간이다. 다시 비가 날리기 시작한다. 체험학습 간 아이들 비는 안 맞았겠다. 가방을 싸서 3층 계단을 내려오는데 이상하게 쌩쌩하다. 몸은 힘들었지만, 그동안 마음은 편했는가 보다.

천막에 가 보니 체험학습 다녀온 해직 선생님들과 아직 집에 가지 않은 아이들 몇이 있다. 다들 환하게 웃으며 반겼다.

단식 수업을 마친 교사들이 다 모이자 해직 교사들이 죽을 준비해 왔다. 흰죽을 조금 먹었다. 밥을 굶는 동안 무엇보다 먹고 싶은 것은 밥보다 술이었고 한잔 술로 나누던 이야기였다. 오늘은 그것이 힘들겠다. 며칠 뒤에 함께 마음을 나누었던 사람들과 막걸리 한잔하기로 약속하고 닷새 만에 집으로 왔다.

지금도 개나리는 눈부시게 노랗고 진달래도 붉기만

하다. 하지만 학교는 아직 겨울이고 어지럽기 그지없다. 시험을 앞두고 핏기 없는 얼굴로 어지러움을 하소연하는 아이들이 없었으면 좋겠다. 아이들이 어떤 가정에서 자라든 마음껏 꿈을 키울 수 있는 곳이 학교였으면 좋겠다.

우리는 꿈을 꾸었고 그 꿈을 지키기 위해 어려운 결정을 했다. 그리고 실천으로 옮겼다. 비켜서지 않고 할 수 있는 만큼 몸과 마음을 같이했다. 함께한 동지들과 아이들이 대견하고 자랑스럽다.

2009. 4. 1.

울지 마라

셋째 시간
시끌벅적하게 아이들이 몰려오더니
아이 둘이 쪼그려 앉아 얼굴을 파묻는다.

"야, 쟤들 왜 그래?"
"울어요."
"왜?"
"시험 못 봤다고요."

천천히 다가갔다.
등을 두드려 주며 일으켰다.
굵은 눈물이 흐르고 있다.

"울지 마라. 울지 마.
뭐 시험 한 번 못 봤다고
그래 우나.
그까짓 시험 때문에 왜 울어?
나는 초등학교 때 70점 겨우 넘어도
지금 잘만 살고 있다."
"그러니 체육 선생님밖에 못 하잖아요."
윽, 이건 무슨 말

"야, 체육 선생이 뭐 어때서?
빨리 화장실 가서 얼굴 씻고 와라."

두 아이,
풀 죽은 얼굴 하고
아이들 틈에 끼어든다.

애들아, 울지 마라 울지 마.
시험도 잊고
점수도 잊고
신나게 놀아라.
그게 너희 목숨 살리는 길이다.

2008. 11. 6.

공부도 못하는 게

"공부도 못하는 게"

교사가 학생에게 한 말이 아니야.
요즘 우리 아이들
친구를 욕보일 때
하는 말이지.

"공부 못하면 떠들지도 못하냐?"
"공부 못하면 노는 시간에 마음껏 뛰지도 못하냐?"

당당한 목소리
들리지 않아.

공부 못하는 게
죄인 나라.

2008. 9. 4.

공부를 그렇게 땀나게 해 봐라

우리도 기다리고
선생님도 기다리던
둘째 시간 끝났다.

선생님들 시원한 휴게실에 모여서
맛있는 것 꺼내 놓고
커피 마시겠지만.

우리들은
얼른 신발 갈아 신고
운동장 뛴다.

하늘 맑고
바람 시원해
동무들과 공을 차며
운동장 서너 번 왔다 갔다 했는데
벌써 공부 시작 알리는
종소리 울린다.

숨이 차게 뛰어 올라와
복도 정수기 앞에 쫄로리 서서

병아리마냥 한 모금씩
시원한 물 마시는데

작은 가방 왼손에
꼭 쥐고 있는
우리 선생님.
시원한 휴게실 나오며
끌끌 혀를 차며 한마디 한다.

"공부를 그렇게 땀나게 한번 해 봐라."

두 시간 내리 공부하고
20분 놀고
또 두 시간 내리 공부해야 하는데
그것도 못마땅한 우리 선생님

우리 선생님,
우리 선생님 아니다.

2008. 9. 9.

* 체육 공부하러 가는데, 아이들이 정수기 앞에 서서 물

을 마시고 있다. 휴게실에서 쉬다 지나가던 선생님이 한마디 했다. "공부를 그렇게 땀나게 한번 해 봐라." 순간 아이들 눈빛이 안타깝게 마음에 남았다. "재밌게 놀았어?" 이렇게 말해 주면 얼마나 좋았을까?

신발을 벗으며

학원 다 돌고
막차 타고
집에 왔다.

아빠 작업화도 왔고
엄마 운동화도 왔고
누나 구두도 있구나.

신발을 벗으며

아,
이제 나도
집에 있구나.

2014. 9. 6.

하지 못한 말

하지 마!
하지 말라니까.

승훈이를 뒤쫓다
2층 계단에서 교장 선생님한테 걸렸다.

"야, 너 이리 와 봐.
6학년이 이러니까
다른 애들도 다들 뛰는 거 아냐
너 사람과 동물이
다른 게 뭔 줄 알아?"

'뛰었다고 벌주는 거요.'

2009. 10. 9.

내 소원은 돈 많이 버는 것

 10월 들어 학교는 바쁘다. 시교육청에서 여는 온갖 행사에 아이들과 교사가 동원되어 행사를 빛내 주어야 하기 때문이다. 학교에서 하는 행사야 학교 실정에 맞춰 선생님들이 뜻을 모으면 그리 쫓기지 않고 해낼 수 있지만, 교육청 행사는 말이 안 되는 것도 많고 거짓으로 해야 하는 일도 있다. 아무리 바쁘더라도 교사라면 다음 날 아이들한테 무엇을 가르쳐야 하는지 알고 어떻게 공부해야 할지 마음에 담아 두어야 한다. 하지만 시간에 쫓기다 보면 마음에 차는 자료를 준비하지 못하고 교과서에 기대서 공부할 때가 많아진다. 그렇게 공부를 시작하면 미처 생각하지 못한 내용이 교과서에 나와 있기도 하고, 아이들 반응이 날 당황스럽게 할 때도 있다.

 국어 시간
 5학년 2학기 〈말하기·듣기·쓰기〉 셋째 마당을 보면 '어리석은 소원'이라는 보기글이 나온다. 보기글이 교과서에 실려 있지는 않고 들려주는 글로 교사용 지도서에 나와 있다. 한 나무꾼이 나무를 하는데, 제우스 신이 나타나 세 가지 소원을 들어주겠다고 한다. 집으로 돌아가 아내에게 기쁜 소식을 전했다. 배고픈 나무꾼은 자기도 모르게 맛있는 소시지가 먹고 싶다고 말하고, 소원대로 소시지가 나타난다. 아내는 남편 때문에 화가 나서 소리를 지르고 나무꾼은 홧김에 아내 코에 소시지가 붙어 버리면 좋겠다고 말한다. 결국 세 번째 소원은 아내 코에서 소시지가 떨어지게 해 달라는 것이다.

 이야기를 듣고 아이들은 글의 제목처럼 나무꾼이 너무 바보 같고 어리석다고 한다. 모두들 같은 말이다. 이렇게 공부가 끝나면 안 된다. 다행스럽게 다음 쪽에 "내가 이루고 싶은 소원 세 가지를 적어 봅시다" 하는 글이 있다. 그대로 해 보았다. 먼저 작은 종이 세 장을 주고 한 가지씩 소원을 써 보라고 했다. 그리고는 소원의 개수를 줄여 나가면서 가장 소중한 소원을 생각해 볼 수 있도록 했다. 그리고 발표를 했다.

	가장 소중한 소원	두 번째로 소중한 소원	세 번째로 소중한 소원
1	집을 아름답고 큰 집으로 바꾸어 주세요.	세계에서 가장 큰 부자가 되게 해 주세요.	공부를 아주 잘하게 해 주세요.
2	우리나라가 평화롭게 해 주세요.	부자로 만들어 주세요.	어마어마한 집을 만들어 주세요.
3	부자가 되게 해 주세요.	집을 크게 해 주세요.	아주 좋은 컴퓨터를 주세요.
4	외제 차를 주세요.	최신형 컴퓨터를 주세요.	어마어마한 집을 보내 주세요.

5	부자가 되게 해 주세요.	나에게만 큰 수영장이나 스키장을 만들어 주세요.	귀한 집을 지어 주세요.
6	우리나라가 피파랭킹 1위를 하게 해 주세요.	큰 집을 주세요.	해피머니 5만 원을 주세요.
7	우리 가족이 이 세상에서 제일 부자되게 해 주세요.	하인을 많이 주세요.	집을 세계에서 가장 크고 멋진 어마어마한 집으로 만들어 주세요.
8	우리 가족이 가장 행복하게 해 주세요.	세계에서 가장 부자가 되게 해 주세요.	모든 세계 사람들이 우리를 우러러보게 해 주세요.

우리 반 아이 열 명 가운데 여덟이 발표했다. 아이들 말을 들어 보면 나무꾼을 어리석다고 생각하는 까닭이 '왜 부자가 되게 해 달라고 하지 않았냐'는 것이다.

"애들아, 내가 보기에는 나무꾼보다 너희들이 더 어리석은 것이 아닌가 싶다. 어째 너네들은 세 가지 소원을 쓰라고 했는데, 두세 사람 빼고는 한 가지 소원만 썼잖아. 부자, 큰 집, 외제 차, 이런 것은 어찌 보면 같은 소원이잖아. 내 생각으로는 나무꾼처럼 깊은 숲속에서 열심히 일을 하는 사람은 다른 소원이 없을지도 몰라. 배고프지 않도록 농사 잘되는 것이 소원이고, 사랑하는 사람과 다투지 않고 사는 게 소원이지 않겠어? 그러니 하루 종일 일하고 집에 돌아와 따뜻하고 맛있는 음식 먹는 게 소원이지 않겠어? 두 번째 소원은 실수로 나온 소원이지, 너네들도 화나면 참지 못하고 말할 때가 있잖아. 그리고 이 나무꾼이 마음이 착하니까 세 번째 소원도 아내를 위해서 쓰잖아. 내가 보기에는 이 농부가 어리석은 것이 아니라 마음이 착한 것은 아닐까 싶은 생각이 든다."

이렇게 공부 시간이 끝났다. 별 준비 없이 시작한 수업이라 나도 아이들도 허둥거리며 공부를 마쳤다. 아이들이 써낸 소원을 옮겨 쓰면서 요즘 나라 돌아가는 형편이 아이들 소원 속에 다 드러나는 것 같아 마음이 안 좋다.

도덕 시간

이번 시간에 공부할 단원은 '나라 발전과 나'이다. 112쪽을 보면 아래와 같은 글이 나온다.

두 사례를 읽고 나라의 발전에 대하여 생각해 봅시다.
〔사례1〕 외국에 나가 보면 우리나라에 대한 외국 사람들의 태도를 잘 느낄 수 있습니다. 우리나라의 경제 사정이 좋았을 때에는 외국에 들어가는 허락을 받기

가 쉬웠고 외국 사람이 우리나라 사람을 대하는 태도도 친절하고 공손했습니다. 그런데 경제 사정이 나빠지자 우리를 대하는 태도가 달라졌습니다. 외국에 들어가는 과정이 까다로워졌고, 우리나라 사람을 대하는 태도도 불친절합니다.

〔사례2〕 서양 사람들은 동양 사람을 보면, 먼저 일본 사람이냐고 물어봅니다. 일본 사람이 아니라고 하면 그다음에는 중국 사람이냐고 물어봅니다.

1 사례1에서 우리나라 사람에 대한 외국 사람들의 태도가 왜 달라졌을까요?
2 사례2에서 서양 사람이 동양 사람을 보면 먼저 일본 사람이냐고 물어보는 까닭은 무엇일까요?

　도덕 교과서에서 말하고 싶은 것은 무엇일까? 뻔하다. 우리가 힘이 강하고 잘살아야 다른 나라 사람한테 무시당하지 않고 살 수 있다는 말이다. 그러니까 '나라가 발전하는 것이 곧 내가 발전하는 것이다'는 생각을 심어 주려는 것이다. 국민교육헌장(나라의 발전이 나의 발전의 근본임을 깨달아…)이 생각난다.

　우리가 바르고 당당하게 잘 살면 다른 나라에 가서도

무시당하지 않고 대접받으며 살 수 있다는 말은 옳다. 하지만 교과서는 그것을 돈(경제)만 기준으로 삼고 있다. 아무리 경제가 발전하여 잘사는 나라라고 하더라도 제국주의 국가의 국민을 우리가 좋은 마음으로 보지는 않는다. 우리나라 사람들이 중국이나 동남아로 여행을 가서 돈을 함부로 쓰거나 그곳 사람들을 무시하다가 망신을 당했다는 신문 기사를 본 생각이 난다.

  교과서에 글을 쓴 사람이 지금 우리나라에 와 있는 여러 나라 사람들을 어찌 볼까 걱정스럽다. 경제가 발달한 나라에서 온 외국인은 친절하게 잘 대접하고, 그렇지 않은 사람들은 함부로 대하거나 무시해도 된다는 것은 아니지 않은가? 하지만 안타깝게도 교과서의 이런 시각이 우리 국민들 수준이다. 우리 반 아이들도 피부가 검은 외국인들은 까닭 없이 무시하고 얕잡아 본다. 현장학습을 다니면서 외국인을 만났을 때 대하는 태도가 피부 색깔에 따라 아주 다르다. 그런 행동이 옳지 않다는 것을 알면서도 거리낌이 없다. 이런 교과서와 어른들이 심어 준 잘못된 가치관 때문일 것이다. 날마다 세계화, 국제화 떠들어도 아이들 마음은 이렇게 닫혀 있기만 하다. 영어권에서 온 사람들은 큰 소리로 떠들면서 거리를 돌아다니고, 가난을 이겨 내려는 마음으로 일하러 온 수많은 외국인 노동자들은 차별과 멸시에 눈물을 흘리고 있다. 그런 아픔을 외면하고 우리가 무시당하지 않으려면 지금보다 더 경제가 발전해야 하니까 나라 발전을 위해 희생해라 하는 것은 옳지 않다. 우리의 잘못을 고치려는 노력을 먼저 해야 한다. 올해가 가기 전에 〈작은책〉과 《또야 너구리의 심부름》에 실린 외국인 노동자들의 이야기를 아이들과 함께 읽어야겠다.

2006. 11. 17.

가을

국화가 활짝 폈어요.
샛노랗고 조그만 국화가
모이고 모여
눈부시도록 환한
빛을 쏟아 내고.
벼를 키워 내던 논도
푸른빛은 하늘로 다 올려 보내고
눈이 시도록
파란 하늘 아래서
조용히 숨을 가다듬는데.

일흔이 넘은
등 굽은 뒷집 할아버지
어제도 오늘도
콩을 꺾고 있어요.
쇳소리 나도록
거친 숨을 몰아쉬며
온종일 바쁘게
바쁘게 일을 합니다.

2014. 10. 31.

아침

동네 아이들
개울 건너 다리께서
학교버스 기다리고

용준이 아버지
경운기 가득 참깻단 싣고
"탕탕탕탕타타다다"

'용준 어머니는 어디 있나?'

아,
참깻단 위에
엎드려 있네요.
아마, 고소한 참깨 냄새에 묻혀
깜박 졸고 있나 봐요.

새벽 일찍
새하얀 박꽃 보고
일어났겠지요.
아직 아침밥도 못 먹었겠지요.

2014. 9. 10.

욕심

집을 사고
꿈을 꾸지 않는다.

논을 사고
시를 읽지 않는다.

밭을 사고
시를 쓰지 않는다.

가진 것이 많아지면
갖고 싶은 것을 잃어버리는 법

부끄러운 욕심,
오늘만큼은,
마음을 흔드는
시 한 편 읽고 싶다.

2014. 9. 6.

서울

 자동차, 전동차, 엘리베이터, 에스컬레이터, 무인 개찰구, 무인 판매소, 무인 검색대, 무인 안내소….

10000000명
산다는
서울,

서울엔
사람이 없다.

2014. 10. 3.

아파트

아파트에는 '아이'라는 괴물이 산다.

24층 어른들, 25층 아이들 날마다 싸운다 한다.
23층 어른들, 24층 아이 버릇없다 하고
22층 어른들, 23층 아이 나댄다 하고
21층 어른들, 22층 아이 드세다 하고
20층 어른들, 21층 아이 매련없다* 하고
...
5층 어른들, 6층 아이 잘 때도 쿵쿵거린다 하고
4층 어른들, 5층 아이 유별나다 하고
3층 어른들, 4층 아이 지랄맞다 하고
2층 어른들, 3층 아이 거칠다 하고
1층 어른들, 2층 아이 요란스럽다 하고

2014. 11. 5.

* 매련없다 ¦ 형편없다.

걱정하지 마십시오

 방학을 2주 남겨 두고 근무하는 곳을 도교육청으로 옮겼다. 교육감이 바뀌면서 공약으로 내세웠던 정책들이 학교 현장에 뿌리내릴 수 있도록 하는 일을 하게 됐다. 마음먹고 나니 우리 반 아이들과 헤어져야 하는 걱정이 생겼다. 한 학기를 마무리하지도 못하고 가야 한다는 것이 부담스러웠다. 남은 시간은 일주일이다. 7월 1일부터 가야 했지만 3일까지 미뤘다. 학교 업무와 학급 정리를 하기 시작했다. 업무를 선생님들께 넘기고 기간제 교사를 구했다. 이제 아이들한테 이야기해야 한다. 7월 1일 아이들과 부모님들에게 편지를 썼다.

 어렵게 이야기를 시작했다. 현성이 얼굴을 살폈다. 겉으로 보기에는 아무 문제도 없어 보였다. 아이들은 편지를 받아 가방에 넣고 교실 문을 나섰다.

 현성이가 처음 글을 쓴 것은 3월 3일이다. 자기를 드러내는 글을 써 보라고 했고, 현성이는 짧게 글을 썼다.

6학년이 되어서 하고 싶은 것과 선생님께 하고 싶은 말
왕따를 해방하고 싶어요. 공부를 잘하고 싶어요. 왕따에서 해방시키게 도와주세요. 애들이 괴롭히는 것을 막아주세요. 대현이는 쉬는 시간마다 괴롭혀요 막아주세요.

현성이가 지난해에는 우리 옆 반이어서 복도에서 소리치며 울고 있는 것을 몇 번 보았다. 그리고 현성이는 점심시간이면 반 아이들과 같이 안 먹고 담임도 아닌 보건 선생님 옆에 앉아서 먹었다. 그래도 자기 말을 들어 주는 사람이 보건 선생님이라 여겼던 모양이다.

5학년 때 선생님들은 현성이가 문제가 많다고 했다. 현성이와 현성이가 자기를 괴롭힌다고 나한테 이르는 아이들을 살폈다. 큰 문제를 찾을 수 없었다. 반 아이들 몇몇과 이야기를 해 봐도 현성이가 문제가 많다는 식으로 이야기를 했다. 3월이 다 가도록 나는 현성이가 친구들 관계를 아주 민감하게 받아들이고 신경을 많이 쓴다고만 생각했다. 그래서 친구들이 자기 흉을 보거나 무심코 던진 말 한마디에 꽥 소리를 지르는구나 싶었다.

3월이 다 지나갔다. 현성이는 여전히 아이들이 괴롭혀서 힘들다고 하소연을 했다. 그래서 나는 4월 들어 학급회의 시간에 아이들에게 한 가지 제안을 했다.

"현성이가 4, 5학년 때 아이들한테 당했던 일을 떠올리며 우리 반이 아직도 그런 분위기라고 판단하고 있습니다. 그런 까닭으로 학교생활을 힘들어합니다. 이를 해결하기 위해 '현성이에게 편지와 함께 작은 선물 하기'를 제안합니다. 이렇게 한다면 현성이가 학교를 즐겁고 좋은 곳으로 기억하리라 생각합니다. 다음 주 월요일부터 한 사람씩 돌아가면서 실천했으면 합니다."

회의를 시작하자마자 대현이와 상준이가 현성이한테 문제가 있다는 말을 계속하더니 끝내 돈이 들어서 하기 힘들다고 한다. 현성이는 그러면 편지만이라도 썼으면 좋겠다고 한다. 그러자, 대현이는 편지지도 돈이 든다고 말했다. 남자들 가운데서는 상일이와 교영이 그리고 우림이가 현성이가 착해질 수 있다면 한번 해 보자고 말을 거든다. 하지만 대현이와 상준이는 아주 못마땅한 얼굴을 하고 앉아 계속 현성이를 공격한다. 결론을 내리지 못해 다음 주 월요일 도덕 시간에 회의를 계속하겠다고 하자, 상준이는 아주 한심하다는 얼굴이고, 대현이는 입술을 들썩이며 "씨발"이라고 한다.

"야, 대현이. 지금 '씨발'이라고 했냐?"

"그냥 '씨'라고 했는데요."

"그래, '씨'라고 했다고 하고. 뭐가 불만이라서 '씨'라고 하냐?"

"불만 없는데요."

"알았으니까 상준이하고 너는 남아라."

아이들을 집에 보내고 교사 휴게실에서 마주 앉았다.

앉아서 말을 꺼내기 시작하는데 벌써 눈물을 뚝뚝 흘린다.

"야, 너네 왜 울어. 너희들한테 뭐라고 하려는 게 아닌데. 너희들 이야기 좀 들어 보려고 하는 거야. 내가 이야기한 것을 너희가 반대를 많이 했으니까 생각 좀 들으려고 하는 거야."

"현성이가 거짓말하는 거예요."

"알아, 안다니까. 현성이가 성격에 문제가 있다는 거 내가 다 안다고. 그러니까 그건 인정하고 어찌했으면 좋겠나 말이지."

아무 말이 없다. 눈물이 들어갔나 싶더니 또 눈물이 쏟아진다. 정말 억울한 일을 당한 아이들처럼 눈물을 흘린다.

"그냥 이렇게 살게 놔도요. 해결 방법 없어요."

"야, 어떻게 그렇게 살아. 현성이가 소리 지르면서 왕따당한다고 우는데, 어찌 그렇게 사냐. 난 그렇게 못 산다. 너희들이 방법이 없으면 내가 내놓은 방법에 반대만 안 해 줬으면 좋겠다. 월요일 다시 회의할 거니까 그때 좀 도와주라."

교실로 돌아왔다. 교실에는 아직 집에 가지 않고 남아 있는 아이들이 몇 있었다. 막막한 마음에 아이들을 불러 앉혔다.

"야, 너희들 보기에는 누가 문제인 거냐? 도대체 진실이 뭐냐? 현성이가 대수롭지 않은 일로 그러는 거야. 아니면 정말 그런 일이 있는 거야?"

"이거 말하면, 으… 사실 정말 그렇게 해요. 선생님 없을 때 정말 현성이한테 뭐라 해요. 5학년 때 정말 현성이를 두고 딱총하고 고무줄총으로 쏘려고 해서 막 울고 그랬죠 뭐."

"6학년 올라와서는 그런 적 없어?"

"있어요. 현성이 벽에다 세워 놓고 대현이가 때리려고 하는 거 봤어요."

"6학년 때도 그랬다고. 그럼 그때 체육관에서 현성이한테 더럽다고 했다는 일은 사실이 뭐야?"

"그때도 상준이하고 대현이하고 또 진성이하고 정말 그렇게 말했어요."

"맞아. 체육관이 뭐가 더러워. 하나도 안 더럽지."

순간 아득해진다. 나는 현성이가 사소한 일을 민감하게 받아들인다고만 생각했지, 그것이 사실은 아니라고 생각했다. 현성이를 보면 내가 불안해진다. 그리고 자꾸만 주위를 살피는 불안한 눈빛. 끊임없이 나와서 사소한 일까지 말하는 습관. 어떨 때는 누가 죽인다고 겁을 줘서 한잠도 못 잤다고 하기도 한다. 어머니와 동생 이야기로는 게임을 네 시간 넘게 한다고 했다. 6학년 올라와서 내가 한 일이라고는 '엄마품 멘토'에 현성이를 맡겨서 우리 반 아이들 서넛과 어울리도록 한 것, 그리고 교육청 전문 상담교사에게 상담 신청한 것, 그리고 같이 밥 먹어 주는 것밖에 없다.

현성이는 나와 이야기를 할 때마다 왕따에서 해방되고 싶다고 했다. 그런데 나는 그 실체와 진실을 현성이한테서 찾으려고 했고 그 일의 시작을 4, 5학년 때 일에서만 찾았다. 물론 일의 시작은 4학년 때고 그 일을 시작으로 5학년 내내 이어진 것은 사실이다. 문제는 지금도 그 상황이 계속되고 있다는 것이다.

아이들은 현성이 문제를 심각하게 생각하고 있지 않았다. 이상한 상황을 이상하게 보지 않고 있다. 나는 대현이와 상준이의 눈물을 믿었고, 우리 반 아이들의 무관심을 그냥 흘려 넘겼다.

회의 시간에 현성이가 한 말이 내 마음을 쿡쿡 찔렀다.

"선물은 안 주더라도 편지라도 주었으면 좋겠습니다. 주기 싫은 아이들은 안 줘도 좋습니다. 왕따가 없었으면 좋겠습니다. 나도 이제부터 잘하겠습니다."

주말을 지내고 월요일 첫 시간부터 이 문제를 풀었다. 사실을 밝혔고, 그것을 우리 반 바깥으로 꺼내 아이들이 볼 수 있도록 했다. 아이들은 잘못을 인정했다.

4월에 그 일을 겪고 나서 아이들은 큰 부딪힘 없이 지냈다. 현성이는 내가 없어도 아이들과 어울려 점심을 먹었다. 틈이 나면 운동장에 나가 축구와 야구를 했다. 선생님들은 현성이가 많이 달라졌다고 했다. 하지만 나는 불안하게 아이들을 지켜봤다.

7월 3일 아침에 학교에 가니 아이들이 이별 잔치를 마련했다. 풍선 몇 개를 달아 놓고, 작은 케이크를 준비했다. 누구 생각인지는 몰라도 4절 두꺼운 종이에 돌아가면서 글을 썼다. 그림도 그리고 재미나게 글도 썼다. 현성이가 쓴 글을 읽는데 눈물이 핑 돌았다.

"선생님, 이제 제 일은 제가 알아서 하겠습니다. 걱정하지 마십시오."

2010. 7. 31.

학교를 떠나고

아이들이 없다.
별이 없다.

내 마음도
하늘처럼

심심하고
심심하다.

2015. 3. 2.

좋은 게 좋은 거

"좋은 게 좋은 거야"
"좋은 게 좋은 거야"
"좋은 게 좋은 거야"

좋은 게 좋다는 걸 누가 모르나요.
나쁜 걸, 그른 걸
자꾸 좋은 거라 하고 있잖아요.
좋은 건 좋은 거고
나쁜 건 나쁜 거고
옳은 건 옳은 거고
그른 건 그른 겁니다.

2015. 3. 7.

우리나라에 교육과정이 있는가?

"요즘 학교 가면 아주 힘들어요. 날마다 '방과후 학교' 안 한다고 빠진 아이들 불러서 혼내고 벌주고 그러니, 아이들도 힘들고 우리도 힘들고 정말 죽겠어요."

잘 아는 중학교 선생님과 같이 차를 타고 갈 일이 있어 많은 이야기를 나누었다. 올해 들어서 강원도에 있는 거의 모든 중학교에서 방과후 학교를 하면서 교과 수업을 주에 대여섯 시간을 더 하고 있다. 하루에 여섯 시간을 하는 날은 두 시간을 더 하고 일곱 시간 공부하는 날은 한 시간을 더 한다고 한다. 그런데 아이들은 그것이 힘드니까 어떤 핑계를 대서라도 빠지려고 한다. 더구나 교사들 눈을 피해서 도망가기까지 하니까 교사들은 교사들대로 전체 분위기 흐려진다고 아이들 붙잡으러 다니기도 하고, 어제 빠진 아이들은 아침부터 교무실에 불려 가서 욕먹고 그런다는 이야기다.

'교육과정'이란 게 있다. 우리나라처럼 국가가 교육과정을 만들어 운영하는 나라도 있고 지방자치제도가 발달한 나라에서는 지방마다 다르기도 하다. 그리고 문서로 된 교육과정 틀이 없는 나라도 있다. 문서로 교육과정을 만들어 운영하는 경우 대부분의 학교는 그 교육과정에 맞추어 학교를 운영해야 한다. 이렇게 대단한 교육과정은 나라에서 내로라하는 교육학자들이 모여서 만든다. 아이들 발달 단계에 맞게 학교는 며칠을 나와야 하고, 한 해 동안 국어는 몇 시간을 해야 하고, 수학은 여기까지 가르쳐야 한다는 것 따위를 정한다. (우리나라는 초·중·고 모두 한 해에 220일 이상을 학교에 다녀야 하고, 초등학교 6학년은 한 해에 1,088시간을 수업하도록 정해져 있다.*) 다른 나라 교육과정과 견주어 보아도 공부 시간이나 교육 내용 수준이 더 어려우면 어렵지 쉽지는 않다. 바른 생각을 가진 사람들이 수업 시간도 좀 줄이고 내용도 좀 낮추자는 주장을 교육과정이 바뀔 때마다 하지만 교육부는 경쟁력이 떨어진다며 받아들이지 않고 있다. 그렇게 우리나라 학생들은 교육과정만 보아도 다른 나라 학생들보다 학교에서 많이 공부하고 있다.

그런데 이게 모자란다고 거의 모든 교육행정가(교육부장관, 교육감, 교육장, 교장)들과 학부모들이 난리다. 아이들을 학교에 남겨서 억지로 공부를 시키고 학원으로 아이들을 내몬다. 유치원 때부터 글씨 쓰기, 셈하기에 영어, 한자까지 가르치고 있다. 그리고 초등학교, 중학교, 고등학교로 올라갈수록 더욱 심해진다. 교육과정에도 없는 이런 일을 교육과정을 모범으로 지켜야 할 국공립 학교도 마찬가지로 하고 있다. 그리고 부담은 고스란히 교사와 학생과 학부모가 져야 한다. 교사는 교육과정에 나온 것보다 더 많은 시간을 수업해야 하고, 학생들은 능력에 넘치도록 공부를 해야 한다. 물론 학부모들은 시간마다 얼마씩 돈을 더 내야 한다.

말 좀 들어 보자. 사범대학, 교육대학에서 교육학을 가르치는 교수들, 대한민국 교육과정을 만드는 분들 말 좀 들어 보자. 교육과정이 도대체 뭔가? 그 나이에 아이들이 마땅히 알고 공부해야 할 것을 내용으로 해서 단계에 맞게 짜 놓은 것이 아닌가? 그런데 우리나라 아이들은 다음 학기, 다음 학년 것을 미리 공부한다고 한다. 초등학교를 다니면서 중학교 과정을 공부하고, 중학교에 다니면서 고등학교 과정을 배운다는데, 그것이 사실이라면 많은 아이들이 자기가 알기 힘든 것을 억지로 공부하고 있다는 말이다. 이런 억지스러운 일을 교육과정을 가장 잘 지켜야 할 공립학교에서 오히려 더욱 부추기고 있는 것이 사실이다. (중학교 졸업생을 대상으로 하는 반 편성 시험을 고등학교 교육 내용으로 보는 현실) 교육과정에 맞게 제대로 공부하고, 그것을 바탕으로 평가를 해야 하는데, 우리나라 교육 현실은 이게 엉망이다. 교육과정에 나오지 않는 것을 평가하여 학생을 뽑으려고 하는 일이 숱하게 벌어진다. (논술, 본고

사, 토익 따위) 분명 잘못된 일이다. 이런 일만은 교육 전문가들 모두가 나서서 막아야 하는 것 아닌가.

이렇게 엉망인 우리나라의 교육 현실을 바로 잡으려면 교육과정을 제대로 만들고 그것을 꼭 지켜야 한다. 그런 모습은 두 가지로 나타날 수 있을 듯싶다.

하나는 교육과정을 바꾸는 것이다. 지금 교육과정에 있는 수업 시간만으로는 부족해 더 가르쳐야 한다면 하루에 10시간이고 12시간이고 학교에서 공부할 수 있도록 교육과정을 만들자. 주마다 국어, 영어, 수학, 과학, 사회 한 시간씩 더 넣어라. 그것이 모자라면 두 시간 세 시간씩 더 넣으면 되는 것이 아닌가. 다른 나라 눈치 보지 말자. 그렇게 해서 우리 아이들이 세계 학생들과 당당하게 겨루도록 만드는 것이 평생을 교육! 교육! 하면서 사는 교육학자들이 마땅히 할 일이 아닌가? 그래야 학부모들이나 학생들이 학교를 믿고 공부를 할 것이고 그 시간에 자기 마음대로 빠지거나 도망가거나 하지 않겠지. 그리고 학부모님들은 보충수업비라고 돈을 따로 내지 않아도 된다. 이렇게 해서라도 교육과정을 제대로 지키도록 노력하자. 보충수업, 강제자율학습이 없는 학교를 만들어 보자.

이게 아니라면, 지금 교육과정으로도 충분하다면 국

공립 학교만이라도 대한민국 교육과정을 잘 지켜 가자. 교육과정을 만드는 학자들이 가장 먼저 나서서 '우리 학생들이 교육과정대로만 하면 된다. 세계 어디에 내놓아도 뒤처지지 않는다' 그렇게 주장하면서 모든 학교에서 이것을 지키도록 해야 한다. 교육부와 교육청, 학부모들을 설득해서 교육과정이 잘 지켜지도록 학교들을 관리 감독해야 한다. 아이들을 학교에 억지로 남겨서 더는 공부시키지 말아야 한다. 그래야 교사와 학생들이 조금이나마 숨을 쉬고 살지 않겠나.

대한민국 교육과정에 가장 많은 영향을 끼치는 사람들이 바로 우리나라 교육 관료들이다. 교육부장관도 교육학자고, 교육감(장), 교장들도 평생 교육에 몸담았던 사람들이다. 이들이 교육과정을 드러내 놓고 무시하고 아이들과 교사들을 거짓 교육에 밀어 넣고 있다. 자기들이 만들어 놓은 교육과정을 자기들부터 어기는데 어찌 제대로 된 교육이 있을 수 있나. 지금 학교 현장에서 대한민국 교육과정은 있으나 마나 하다. 지금 교육은 교사와 학생이 만나는 교실이 중심이 아니다. 오히려 교무실, 교육청, 교육부가 중심이 되어 교실을 멋대로 지휘하고 통제를 강화하려고 한다. 교사와 학생이 만나는 교실과 교육과정이 중심이 되도록 근본을 바로잡고 모두가 그것을 지키려 노력해야 교육의 희망을 찾을 수 있다.

우리나라에도 제대로 된 교육과정이 있어야 하고 모두가 그것을 지켜야 한다. 문제가 있다면 교육과정을 조금씩 고쳐 가면 된다. 그래야 서로가 서로를 속이지 않고, 거짓을 말하지 않고 교사와 학생이 만날 수 있다. 교사들이 더 이상 아이들을 협박하여 학교에 붙들어 두고 싶지 않듯이, 아이들도 온갖 거짓을 둘러대며 학교를 벗어나고 싶지는 않을 것이다. 모두가 당당하게 교과 공부 시간에는 열심히 공부하고, 학교가 끝나면 자기가 하고 싶은 것을 하도록 하자.

이러한 학교를 꿈꿔야 한다는 것이 서글프다. 당연한 것을 주장하는데도 세상을 모르는 사람이라고 손가락질받아야 한다는 것이 가슴을 아프게 한다. 다시 한번 소리치고 싶다.

우리나라에는 우리가 지켜야 할 교육과정이 있는가?

2007. 9. 17.

* 주 5일 수업을 하면서 2021년 현재 학교에 가야 하는 날은 220일에서 190일로 줄었지만, 수업 시수는 그대로 1,088차시를 이수해야 한다.

기쁨과 희열

　기쁨 ¦ 욕구가 충족되었을 때의 즐거운 마음이나 느낌.
　희열(喜悅) ¦ 기쁨과 즐거움. 또는 기뻐하고 즐거워함.
　기쁨과 희열은 다른 말이다. 둘 다 같은 뜻을 갖고 있는 말이지만 하나는 순우리말이고 하나는 한자말이다. 초등학생에게 물어보면 희열이란 말이 어떤 뜻을 갖고 있는지 모른다. 당연한 것이다. 4년 동안 강원도교육청이 가야 할 밑그림을 그리면서 보니까 삶에서는 잘 안 쓰는 한자말이 너무 많았다. 어떤 뜻으로 쓰이는 말인지 국어사전에서 찾아보았다.

　함양 ¦ 능력이나 품성을 기르고 닦음.
　신장 ¦ 세력이나 권리 따위가 늘어남. 또는 늘어나게 함.
　제고 ¦ 쳐들어 높임.
　형성 ¦ 어떤 형상을 이룸.
　강화 ¦ 세력이나 힘을 더 강하고 튼튼하게 함. 수준이나 정도를 더 높임.
　육성 ¦ 길러 자라게 함.
　조성 ¦ 무엇을 만들어서 이룸. 분위기나 정세 따위를 만듦.
　구축 ¦ 어떤 시설물을 쌓아 올려 만듦. 체제, 체계 따위의 기초를 닦아 세움.
　숙의 ¦ 깊이 생각하여 충분히 의논함.

글은 말하듯이 써야 한다. 말을 기호로 나타낸 것이 글이다. 그런데 우리의 글이 생긴 것이 오래되지 않은 까닭으로 어려운 중국 글자를 썼다. 조선시대 우리글이 만들어지고 난 뒤에도 지배층의 반발로 우리글은 천대를 받아 왔다.

 우리글은 민중의 피와 땀에 기대어 지금까지 어려운 싸움을 해 왔다. 우리글의 가장 큰 적은 중국 글자도 아니고 일본 글도 아니다. 물론 미국 말도 아니다. 우리말과 글의 가장 큰 적은 지식인이다. 미국과 일본 글을 번역한 책으로 이론을 공부한 이들이 무지막지하게 우리말과 글을 오염시키고 민중들에게 어려운 말을 강요하고 있다.

 몇 년 전의 일이다. 학교 근처에 향교가 있었는데, 향교 앞에는 일이 있을 때마다 걸개에 한자로 써서 자기들 행사를 알렸다. 그런데 이상하게도 호적법 고치는 것을 반대할 때는 친절하게도 한글로 "호적법을 고치는 것은 조상을 욕되게 하는 것이다"고 써 놓았더라. 이들도 쉬운 글이 가지고 있는 힘을 알고 있는 것이다. "만약 1919년 독립선언문을 소학교에 다니는 아이들도 알 수 있게 쉽게 썼으면 어떤 일이 벌어졌을까"라는 이오덕 선생님의 글을 보면서 '근로기준법을 학교에 다니지 못한 노동자들도 알기 쉽도록 썼다면 전태일 열사가 그렇게 자기 몸에 불을 질렀을까' 하는 생각을 해 보았다.

　선생님들과 강원교육의 밑그림을 그리면서 나는 혼란스러웠다. 오염된 글 속에 빠져 다른 생각을 할 수가 없을 정도였다. "함양"을 "기른다"라고 쓰면 왜 이상하게 생각할까. 기쁨과 희열이 다른 뜻을 갖고 있는가. 우리가 다른 사람들과 말을 할 때 함양이라는 말을 한 번이라도 쓰는가. 내가 초등학교에서 아이들과 함께 공부해서 그런지는 몰라도 아이들 앞에서 "제고"니 "숙의"라는 말을 쓴 기억이 없다. 나는 강원교육의 계획을 초등학교 아이들도 쉽게 읽고 그 뜻을 알았으면 좋겠다. 초등학교 교장 교감 선생님들이 한자로 멋들어지게 자기 이름을 새겨 책상 앞에 놓아두어도 그것을 보고 이름을 알아내는 아이들은 거의 없다. 누구 보라고 이름패를 놨는지 다시 생각해 보아야 할 것이다. 말과 글이 달라져 자꾸 거리가 멀어지는 것은 역사를 되돌리는 것이다. 우리 글자 한글이 만들어진 까닭이 바로 우리말과 중국 글자가 맞지 않기 때문이었다. 그것을 되돌리려고 하면 당연히 안 되는 것이다.

　강원교육 4년 동안의 계획도 마찬가지다. 그것을 읽을 사람은 누구인지, 그리고 계획에 나온 말을 그대로 학교교육 계획서에 쓸 것인데, 이렇게 우리말을 오염시키는 일에 강원도교육청이 앞장설 수는 없는 것이다. 생활에서 잘 쓰지 않는 한자말과 다른 나라 말은 쉬운 우리말로 바꾸길 바란다.

말과 글은 그 사람이다. '모두를 위한 교육'은 모두가 알 수 있는 말과 글로 해야 한다. 쉽게 쓰자. 초등학생도 아는 말로 쓰자. 그것이 교육을 바르게 바꾸는 가장 쉬운 길이다.

2010. 9. 5.

정말, 교육 때문이라고?

5년 전, 답답한 마음에 시를 한 편 썼다.

보리
흙먼지 날리는 텅 빈 밭 / 가을걷이 끝났다. // 가을 가뭄 끝에 / 촉촉하게 비가 뿌리고 // 언뜻 언뜻 / 보리 싹, 고개 내밀더니 / 흙빛 가득하던 사래 긴 밭 / 연둣빛으로 바꾸어 놓았다. // 목숨 가진 모든 것들 / 안으로 안으로 움츠러들어도 / 보리는 / 손가락만큼 고개 내밀고 / 찬바람 이겨 낸다. // 오월의 초록 꿈꾸고 있기에 / 희망 버리지 않고 // 시린 눈 / 녹여 먹으며 / 가장 먼저 봄을 맞는다. //

희망을 버리지 않고 있지만 힘겨운 5년을 보내고 있다. 정권은 임기 말이지만 감당할 수 없는 일들을 밀어붙이고 있다. 22조가 넘게 들었다는 '대운하 사업'은 4대강 사업으로 이름을 바꿔 마무리했다는데 온통 녹조로 뒤덮여 국민들 마음을 불안하게 하고 있고, 가뭄은 더욱 심해지고 비만 오면 어디 어디가 물에 잠겼다는 소식은 끊이지 않는다. 제주 강정 해군기지, 삼척 원자력발전소, 밀양 송전탑과 같은 또 다른 4대강 사업이 벌어지고 있고 이를 막으려는 국민들은 하루하루 힘겨운 싸움을 하고 있다. 민주 노조를 깨려는 자본은 멀쩡한 회사의 문을 닫고 용역을 고용해 20년 넘게 일한 노동자를 공장에서 쫓아내고 있다.

올해 초부터는 폭력에 시달리던 한 학생의 자살로 온 학교들이 몸살을 겪고 있다. 일제고사 폐지와 대학입시 경쟁을 줄이는 근본적인 문제 해결은 외면하고, 복수담임제를 비롯한 단기 처방에만 치중해 밀어붙이던 많은 정책이 효과를 보지도 못하고 중단되었다. 요즘 들어서는 폭력을 쓴 학생들의 징계 사유를 학생 생활기록부에 기록해 입시와 취업에 불이익을 주겠다고 한다. 학생들의 인권을 침해할 수 있다는 인권위원회의 권고를 듣고도 못 들은 척하고 있다. 뿐만 아니라 성장기 학생들의 한 번의 실수가 주홍글씨가 될 수 있다며 반대하고 있는 교육청을 특별감사까지 하며 억압하고 있다.

게다가, 인사청문회 과정에서 인권단체는 물론이고 여야를 가리지 않고 반대하는데도 국가인권위원회 위원장 연임을 강행하는 것을 보면서 또 한번 혀를 찰 수밖에 없었다.

인사청문회는 2000년부터 시행된 고위 공직자를 검증하는 시스템이다. 국회의 임명 동의가 필요한 대법원장, 헌법재판소장, 국무총리, 감사원장, 대법관(13명)

같은 고위 공직자 17명과 국회에서 선출하는 헌법재판소 재판관(3명)과 중앙선거관리위원(3명)까지 모두 23명이 그 대상자다. 그 밖에도 국회의 동의가 꼭 필요한 것은 아니지만 장관들과 국가인권위원회 위원장도 청문회를 거쳐야 한다.

그동안 인사청문회의 도덕성 검증에서 빠지지 않는 항목이 있었고 현병철 위원장도 예외는 아니었다. 뉴스에 따르면 위원장 시절의 반인권적인 말과 행동만이 문제가 아니라 아들의 병역면제와 부동산 투기, 논문 표절도 주요하게 다뤄졌다.

청와대와 여당은 4대 조건(병역면제, 위장 전입, 부동산 투기, 세금 탈루)을 적용하면 자유로울 인사가 아무도 없다고 한다. 이걸 고쳐 읽으면 청와대의 정무직 직원과 여당 국회의원 모두가 좋은 학교를 가기 위해 위장 전입하고, 의료 기록을 조작해서 병역면제 받고, 부동산 투기로 돈을 벌고, 세금을 제대로 내지 않는다는 자기 고백일 뿐이다.

이런 고백을 솔직하게 하는 것까지는 좋지만, 불법을 저지르면서 꼭 끼워서 핑계 대는 것이 '자녀 교육'이다. 아이 교육을 위해 위장 전입했고 땅과 집을 사 두었는데, 값이 올랐을 뿐이지 투기 목적은 아니란 주장이다.

그들은 자식 잘되길 바라는 서민들의 마음을 너무나 잘 이용하고 있는 것이다. 서민들은 '나도 그런 마음인데 뭐' 하면서 자녀 교육 핑계를 대는 그들을 자식 가진 부모 마음으로 이해하고 만다.

세상 모든 부모가 자기 자식 잘되길 바란다. 특히 가난하고 힘겨운 세월을 살아온 서민들은 더욱 그렇다. 그런 애잔한 마음조차 돈 많고 힘 있는 사람들이 훔쳐가서 자신들의 욕심을 채우는 데 쓰고 있다.

저들은 자기들이 다니고 싶은 학교를 다녔고, 자기 자녀들도 그렇게 학교에 보내며 아무 문제없이 살았다. 주민등록법을 위반했다고 아무도 그들을 비난하지 않는다. 어차피 그들은 그들끼리 모여 살 것이기 때문이다. 하지만 그런 그들이 국민의 표를 먹고 사는 정치를 하겠다고 한다면, 그리고 입법, 사법, 행정기관의 고위 공직자가 되겠다고 나선 이상 철저하게 검증을 받아야 마땅하다.

그런데 자녀 교육 때문이란다. 그들은 자기 자녀들이 어떤 어른이 되길 바라기에 위장 전입까지 했을까. 자기들이야 비싼 집 지어서 모여 살 수 있지만 학교는 특히 초·중등 교육은 학구에 따라 입학해야 하거나 추첨에 따라서 갈 수밖에 없어서 서민들과 함께 다녀야 한다. 그게 싫어서 그런 것은 아닌지 자꾸만 의심이 간다.

이 의심이 괜히 생긴 것이 아니다. 왜냐하면, 이른바 귀족학교라는 비난을 듣는 학교를 여기저기에 자꾸 세우려고 하기 때문이다. 외고와 자립형 사립고 국제 중·고등 학교가 그렇다. 말로는 인재를 키워 낼 수 있는 학교라고 하지만, 천만 원을 훌쩍 넘는 수업료를 보면 교육기관보다는 기업체에 더 가까운 것이 아닌가 하는 생각이 들 수밖에 없다.

학교에 자녀를 보내는 서민들은 우리 아이가 아이들과 어울리지 못할까 봐 학교 공부를 따라가지 못할까 걱정스러워, 아이를 기다려 주는 학교를 보내려고 이사를 하거나 형편이 되지 않아 속만 끓이고 있다. 하지만 청문회에 선 사람들은 꿩도 먹고 알도 먹겠다는 심보로 위장 전입해서 아이의 학교를 옮기고 투기를 해서 돈을 모은다.

이들의 낯 뜨거운 변명을 듣다 자녀 교육은 '가난하고 공부 못하는 아이들이랑 놀지 말라'는 말의 다른 표현이라는 생각이 자꾸 들었다. 교육이 아닌 것을 교육으로 포장하는 기술이 보통이 아니다.

교육은 남보다 앞서가는 법을 가르치는 게 아니라 인간의 본성을 믿고 기다리는 것이며, 행복을 함께 나누는 것이다. 일찍 학교에 온 아이들이 교문을 들어서는 선생님한테 매달려 어제 있었던 일을 재잘거리며 마음을 나누는 것이 교육이다.

서민들의 자녀 걱정과 불법과 탈법을 일삼는 사람들의 자녀 걱정은 다르다. 더 이상 교육이란 이름으로 벌어지는 반교육의 모습을 보고 싶지 않다면 우리가 좀 더 몸을 놀려 많은 사람과 함께해야 한다.

가을장마가 길어지고 있고 아래쪽에서 태풍이 올라오고 있다는데 걱정이다. 무더위와 이상 기후도 없이 사는 사람들한테는 참을 수 없는 고통이 된다. 가을장마도 끝나고 큰 탈 없이 태풍도 지나갔으면 싶다. 그 마음 '시' 한 편에 담아 본다.

장마
노란 호박꽃
벌, 나비 기다리다 지쳤다.

2012. 9. 19.

이것도 정치일까

25일 목요일, 퇴근을 알리는 음악 소리와 함께 도교육청을 나섰다. 저녁 약속이 있어 서둘러 음식점으로 갔다. 저녁을 먹고 차를 한 잔 마시고 나니 8시가 조금 넘었다. 내일은 강의가 있어 오전 10시까지 속초에 가야 한다. 춘천에서 속초까지 두 시간쯤 걸리니까 내일 아침 8시 전에 떠나야 한다. 그렇다면 지금 동해로 가서 푹 자고 아침에 느긋하게 속초로 가면 되겠다 싶어 차를 돌렸다.

집에 들어서니 11시쯤 되었는데 고등학교 2학년인 딸아이는 아직 독서실에 있단다. 아이 엄마는 12시 30분에 데리러 가기로 했다고 한다. 모처럼 평일에 집에 왔으니 내가 데리러 가겠다고 했는데, 자꾸 졸음이 쏟아졌다. 할 수 없이 이슬이 내려 축축한 마당에 나가 이리저리 두리번거리며 시간을 보냈다.

지난 4년, 아이들 삶을 바꿔 보겠다는 마음으로 많은 정책을 만들고 추진했다. 초등학교 일제고사 폐지와 고교평준화 도입으로 초등학생과 중학생들의 삶은 조금 나아졌지 싶은데, 인문계 고등학교 아이들의 삶은 아직도 큰 변화가 없다. 물론 0교시를 없애고, 보충학습과 자율학습에 대한 학생들의 선택권을 보장하고 있지만,

대학입시라는 거대한 벽 앞에 서기만 하면 학생이나 학부모나 교사들도 입을 다물 수밖에 없는 형편이다.

어른인 나는 오전 9시부터 여덟 시간 일하고, 두 시간 넘게 저녁 먹으며 놀고, 다시 200킬로미터가 넘는 먼 곳을 갈 때까지 우리 아이는 날을 바꿔 가며 공부하고 있는 현실이 분명히 정상은 아니지 않은가.

"비정상의 정상화"

"규제 개혁"

"적폐청산"

국가 운영을 책임지고 있는 대통령이 꼭 하겠다고 밝힌 말이다. '신뢰'의 이미지를 무엇보다 강조한 정치인이었기에 '지키지 못할 약속은 하지도 않는다'는 말을 믿고 있는 사람이라면 무게 있는 말로 다가왔을 거다.

나 또한 그리 생각했다. 상식을 가진 사람들이 볼 때 '비정상'인 모습들이 아직 우리 둘레에 많다. 그러나 대통령이 저리 말했으니 그중 몇 가지라도 바로잡히지 않을까 기대도 했다. 왜냐하면 세월호 참사의 원인이 일부 드러나면서 비정상적인 관행이 얼마나 위험한 것인지 모두가 알고 있기 때문이다.

하지만 그 뒤로 벌어지는 일들은 기대했던 모습과 달랐다. 지금까지 학교 경계 200미터 이내는 환경정화구

역으로 정해 숙박업을 할 때는 위원회의 심의를 거치게 하고 있다. 그런데 정부는 이를 50미터 이내로 고치려고 하고 있다. 개발 전에는 반드시 까다로운 환경영향평가를 거치게 되어 있는데 이 또한 완화하려고 한다. 이렇듯 서민의 삶과 교육, 생태 보호에 꼭 필요한 규제를 비정상으로 만들어 버렸다. 또한, 그나마 안정된 일자리로 여겨지던 대기업이나 공기업, 공무원 노동자들은 어느새 '귀족', '철밥통'으로 몰렸다. 정부와 여당은 이런 여론을 등에 업고 복지제도와 연금 축소에 나서고 있다.

경기 약화로 줄어든 세금 수입을 담뱃값 인상 같은 간접세와 범칙금 인상으로 메우려고 한다. 이제야 우리는 '증세는 없다'는 말의 뜻이 '부자 증세는 없다'는 것이었음을 알게 되었다. 정부가 말하는 비정상은 외국산 쌀보다 비싼 '우리 쌀'이었고, 그나마 안정된 '공무원 연금'이었고, 아이들과 골목 상권을 지키기 위한 '최소한의 규제'였던 것이다.

교육 분야에서는 말의 왜곡이 더욱 심하게 나타나고 있다. 일반고를 황폐화하고 있는 자립형 사립고 정책을 '다양화'라는 말로, 일부 사립학교의 전횡을 건학 이념을 지키는 것이라 포장하고 있다. '규제 개혁'이란 말은 자유로운 교육을 옥죄는 또 다른 규제로, 국정교과서 발행이라는 획일화로 나타나고 있다.

정치인들의 "약속을 반드시 지키겠다"는 말은 들으면 들을수록 신뢰가 쌓이는 것이 아니라 오히려 두렵기까지 하다. 고교 무상교육이나 대학 반값 등록금처럼 우리가 약속했다고 생각하는 것은 지키지 않고, 약속하지 않은 것들을 지키겠다고 하니 그럴 수밖에 없다.

말은 기호이며 약속이다. 모든 사람은 말로 자기 생각을 표현하고 그 말을 들은 사람은 앞으로 일어날 일을 짐작하게 된다. 그런데 정치인들의 말이 겉돌고 있다. '말'이 '실체'를 잃어버린 시대다. 신뢰, 약속, 진실, 정상, 공정, 다양성, 자유, 민주, 개혁 같은 희망적인 낱말들이 허공에 떠 있다. 그 어떤 말을 들어도 설레거나 행복을 기대할 수 없이 허무하게 되어 버렸다.

1995년 시·군·구의회와 기초자치단체장, 시·도의회와 시장·도지사를 뽑는 4대 지방선거가 동시에 이뤄진 뒤, 2010년에는 지역의 교육을 책임지는 교육감까지 시민이 직접 뽑게 되었다. 주민 직선 교육감이 나오면서 우리 교육에 새로운 길이 열리고 있음을 국민 모두 알고 있다. 장관은 대통령이 임명한다. 하지만 지역의 행정을 책임지는 도지사, 교육감, 시장, 군수, 구청장, 의회 의원들은 시민이 직접 뽑을 수 있다는 게 얼마나 다행스러운가. 권력을 한 사람이 독점하지 않고 함께 나눈다는 것, 이것이 바로 민주주의다. 교육 자치를 포함한 지방자치가 지금만큼 뿌리를 내릴 수 있는 것도 정치의 힘이었다. 당시 정부와 여당의 반대에 맞서 지방자치제도를 시행하기 위한 야당의 투쟁은 치열했고, 평화민주당 총재였던 김대중 대통령은 이를 위해 목숨을 건 단식까지 마다치 않았다.

잠에 취한 아이를 깨워 아침을 먹이고 차로 15분쯤 떨어진 학교로 데려다줬다. 차에 타자마자 아이는 입을 벌리고 잠이 들었다. 늘 잠에 취해 있는 아이들의 삶을 가볍게 해 줄 길도, 말의 힘을 되찾는 것도 여전히 '정치'일 수밖에 없지 싶다.

아이를 내려 주고 속초로 내달렸다. 강의 부탁을 받고부터 어떻게 말을 시작하고 끝맺어야 하나 망설였는데, 이제 조금 정리되는 느낌이다.

"우리는 교육의 초점을 교실의 변화에 두고 있습니다. 교실의 주인이 누구입니까? 바로 아이들입니다. 학생 시절의 삶 대부분을 보내는 교실을 행복한 곳으로 만들어 주는 것, 그것이 바로 우리가 할 일이라 생각합니다. 그러므로 우리의 눈높이를 더욱 낮춰야 할 것입니다. 만약 우리의 정책이 중심을 잃거나 아이들의 삶을 힘들게 하는 것이 있다면 날카롭게 지적해 주시길 바랍니다. 경청하겠습니다."

2014. 9. 26.

봄

봄이 가장 먼저 찾아오는 곳,
겨우내 온갖 꽃과 딸기 키워 내는 온실, 더운물 펑펑 나오는
그곳이 아니다.

하얀 눈 덮인, 파란 하늘과 맞닿아 있는, 아직도 바람 끝이 시린, 작은 싹이 삐죽이 고개를 내밀고 있는, 하루에도 몇 번 메케한 연탄가스 마셔야 하는, 시린 손 입김으로 데우며 찬물로 설거지하는, 좁은 창문 비집고 달그림자 내려앉는

온몸으로 봄을 가질 수 있는 그곳.
그곳에 먼저 온다.

봄은 그렇게 온다.

2015. 3. 12.

교육, 거기서 멈추면 안 되니까
학교가 이래도 되나, 삼영 샘의 엉뚱한 생각

1판 1쇄 2021년 4월 9일

글쓴이 강삼영
펴낸이 조재은
편집 이혜숙 김명옥 김원영
표지디자인 [★]규
본문디자인 육수정
마케팅 조희정 유현재

펴낸곳 (주)양철북출판사
등록 2001년 11월 21일 제25100-2002-380호
주소 서울시 마포구 양화로8길 17-9
전화 02-335-6407
팩스 0505-335-6408
전자우편 tindrum@tindrum.co.kr

ISBN 978-89-6372-351-8   03370
값 14,000원

© 강삼영, 2021
이 책의 내용을 쓸 때는 저작권자와 출판사의 허락을 받아야 합니다.

잘못된 책은 바꾸어 드립니다.